令和**5**年度

日本語教育能力検定試験
試験問題

［著作・編集］

JEES 公益財団法人　日本国際教育支援協会
Japan Educational Exchanges and Services

BONJINSHA にほんごの凡人社

は　じ　め　に

　本協会は、昭和62年度から、日本語教育の専門家として必要とされる基礎的・基本的な知識および能力を検定することを目的に、日本語教育能力検定試験を実施し、令和5年度で37回目を迎えました。

　この間、社会情勢や学習需要の変容に対応するため、平成15年度と平成23年度に出題範囲の改定を行いました。さらに令和4年度からは、「必須の教育内容」（文化庁）に準じた出題範囲への移行を以て実施しています。

　令和5年度の応募者数は10,170名で、本試験に対しては多くの方々より高い関心をいただいております。

　令和6年4月に日本語教育機関認定法が施行され、日本語教育機関の認定制度と認定日本語教育機関の教員の資格が創設されます。本試験は、令和6年度に実施予定の国家資格としての登録日本語教員のための試験ではありませんが、日本語教師を目指す方はもちろん、地域の日本語教育に携わるボランティアの方、日本語を教えている小中学校教員や外国人従業員と仕事をする会社員の方など、幅広くご活用いただいております。

　本書が、これら多くの日本語教育に携わる方および日本語教師志望者の自己研鑽の一助となり、また日本語教育関係者の参考となれば幸いです。

　本書の構成・内容は次のとおりです。

1．本書は、本冊子とCD1枚（試験Ⅱ）から成っています。
2．試験Ⅱについては、実際の試験と同様、シナリオはありません。
3．実際の試験問題と解答用紙はA4判です。ここに所収の試験問題と解答用紙は、実物より縮小してあります。

　令和6年3月

公益財団法人　日本国際教育支援協会

目　次

令和5年度日本語教育能力検定試験

試験Ⅰ　問題冊子

90分

［注意事項］

1　試験開始の合図があるまで、この問題冊子の中を見てはいけません。

2　この問題冊子は47ページまであります。

3　試験中に、問題冊子の印刷不鮮明、ページの落丁・乱丁および解答用紙の汚れ等に気づいた
　場合は、手を挙げて監督者に知らせてください。

4　監督者の指示に従って、解答用紙の所定の欄に、氏名および受験番号を正しく記入してくだ
　さい。受験番号は、数字欄に数字を記入し、その下のマーク欄にも必ずマークしてください。
　正しくマークされていないと、採点できないことがあります。

5　解答は全て解答用紙の解答欄にマークしてください。

　　例えば、問題1の(1)に「2」と解答する場合、次の（例）のように問題1の(1)の解答欄の②を
　マークしてください。

（例）

問題番号		解　答　欄
問題1	(1)	① ● ③ ④ ⑤
	(2)	① ② ③ ④ ⑤

　問題冊子に記入しても採点されません。

6　解答用紙の［注意事項］もよく読んでください。

7　この試験Ⅰの問題冊子は、必ず持ち帰ってください。ただし、この冊子の複写・複製、引用
　等は固く禁じます。

このページには問題が印刷されていません。

問題1は次のページにあります。

問題1　次の(1)～(15)について、【　】内に示した観点から見て、他と**性質の異なるもの**を、それぞれ1～5の中から一つずつ選べ。

(1) 【摩擦音】
1 [ɾ]
2 [s]
3 [ʒ]
4 [h]
5 [ð]

(2) 【促音の調音法】
1 キック
2 ゴッホ
3 トップ
4 ホット
5 ラッパ

(3) 【複合名詞のアクセント】
1 チーズかまぼこ
2 クラブ活動
3 幼児教育
4 宇宙開発
5 整理整頓

(4) 【連声の有無】
1 隠密
2 経年
3 出納
4 反応
5 珍味

(5) 【音読み・訓読み】

1 二個（にこ）

2 三個（さんこ）

3 四個（よんこ）

4 五個（ごこ）

5 九個（きゅうこ）

(6) 【漢字の字源】

1 山

2 木

3 日

4 月

5 上

(7) 【短い形の使役受身形の有無】

1 話させられる

2 笑わせられる

3 泣かせられる

4 働かせられる

5 待たせられる

(8) 【動詞の意志性】

1 移る

2 去る

3 茂る

4 残る

5 回る

⑼ 【接続詞の用法】

1 けれども

2 しかし

3 だが

4 でも

5 むしろ

⑽ 【「を」の用法】

1 駅前の大通りを横切る。

2 川を泳いで対岸に渡る。

3 通行証のある車を通す。

4 廊下を走ってはいけない。

5 川の土手を散歩する。

⑾ 【「まで」の用法】

1 料理好きの弟は、チーズまで自分で作る。

2 私の姉は、会社まで自転車で通っている。

3 熱波のため、気温が38度まで上がった。

4 この店は、3か月後まで予約で埋まっている。

5 夢中になって、朝までゲームをしてしまった。

⑿ 【「ておく」の用法】

1 食事の間も、ずっと音楽を流しておく。

2 暖房をつけているので、窓を閉めておく。

3 試験があるので、教科書を見直しておく。

4 停車中も、車のエンジンを掛けておく。

5 留守の間も、玄関の明かりをつけておく。

⒀ 【「ながら」の用法】

1　りんご酒は、タンクの中でぷくぷくと泡を<u>出しながら</u>、発酵し続けていた。

2　妹は、すし屋を開くという夢を胸に<u>抱きながら</u>、板前の修業に励んでいる。

3　関係機関や地域と<u>連携しながら</u>、新たな街づくりに取り組んでいきたい。

4　友好的な雰囲気を<u>醸成しながら</u>、信頼関係を構築することが重要である。

5　友人の家の前まで<u>行きながら</u>、謝る勇気がなくてそのまま帰ってきてしまった。

⒁ 【副詞的成分と述語の関係】

1　花瓶が、<u>粉々に砕け散った</u>。

2　父は、牛肉を<u>軟らかく煮込んだ</u>。

3　私は、ハムと野菜を<u>さっと炒めた</u>。

4　パンが、<u>ふっくら焼き上がった</u>。

5　兄は、壁を<u>淡い桜色に塗った</u>。

⒂ 【「については」の用法】

1　この案件<u>については</u>、恐らく問題ありません。

2　講演会の会場<u>については</u>、まだ設営が終わっていません。

3　この度の納品<u>については</u>、ご迷惑をお掛けいたしました。

4　その容疑者の身辺<u>については</u>、現在調べを進めています。

5　こちらの商品<u>については</u>、皆様にご好評いただいております。

問題2　次の(1)～(5)における【　】内の下線部は学習者による誤用を示す。これと**異なる種類の誤用**を、それぞれ１～４の中から一つずつ選べ。必要に応じて（　）内に学習者の意図を示す。

(1)　【「外国」のつもりが「<u>開国</u>」と聞こえる。】

　　１　「代行」のつもりが「<u>対抗</u>」と聞こえる。

　　２　「原稿」のつもりが「<u>健康</u>」と聞こえる。

　　３　「伝統」のつもりが「<u>店頭</u>」と聞こえる。

　　４　「部長」のつもりが「<u>不調</u>」と聞こえる。

(2)　【「失礼します。」と言おうとして「<u>しちゅれい</u>します。」と発音する。】

　　１　「左でございます。」と言おうとして「左で<u>ごじゃいます</u>。」と発音する。

　　２　「ご注意ください。」と言おうとして「<u>ごじゅうい</u>ください。」と発音する。

　　３　「どうぞこちらへ。」と言おうとして「<u>どうじょ</u>こちらへ。」と発音する。

　　４　「当然です。」と言おうとして「<u>とうじぇん</u>です。」と発音する。

(3)　【公園で、<u>古い人</u>が楽しそうに話しています。】

　　１　この学校の図書館には、<u>多い本</u>があります。

　　２　天気予報によると、明日は<u>重い雨</u>だそうです。

　　３　私の家は、<u>忙しい通り</u>に面しています。

　　４　<u>寒い飲み物</u>をたくさん飲むのは、体に悪いです。

(4)　【朝ご飯を<u>食べなくて</u>、会社に行きました。】

　　１　最後まで<u>諦めなくて</u>、頑張ろう。

　　２　挨拶を<u>しなくて</u>、帰りました。

　　３　バスが<u>来なくて</u>、歩いて帰ろう。

　　４　ガスを<u>使わなくて</u>、料理をしました。

(5) 【「理解」とは、<u>分かっている意味</u>です。】

    1　「遅刻」とは、<u>時間に遅れる意味</u>です。

    2　「いななく」とは、<u>馬が鳴く意味</u>です。

    3　「教授」とは、<u>教え授ける意味</u>です。

    4　「お前」とは、<u>呼んでいる意味</u>です。

問題3　次のＡ～Ｄの文章を読み、⑴～⒇の問いに答えよ。

Ａ　【子音と母音】

　言語音は、子音と母音に分類される。<u>子音の発音に関わる調音法</u>には様々なものがあ
　　　　　　　　　　　　　　　　　Ａ
る。また、子音は<u>様々な調音点</u>で生成される。一方、母音の音は、<u>舌の最高点の位置、口</u>
　　　　　　　　Ｂ　　　　　　　　　　　　　　　　　　　　　　Ｃ
<u>の開き具合</u>、唇のまるめの有無によって規定される。ただし、「半母音」と呼ばれる音は、

　[　(ア)　]　として子音の一つに位置付けられる。「半母音」は、「国際音声記号（IPA）2020年

改訂版」において　[　(イ)　]　、［w］あるいは［ɥ］で表される音である。

　また、日本語では様々な要因により、<u>母音や子音が元の音から変化する現象</u>が見られる。
　　　　　　　　　　　　　　　　　　　Ｄ

⑴　文章中の下線部Ａ「子音の発音に関わる調音法」に関する記述として最も適当なものを、

　次の１～４の中から一つ選べ。

　　１　日本語の規範的な「タ」と「ツ」の子音の調音法は異なる。

　　２　日本語の規範的な「ナ」と「ヌ」の子音の調音法は異なる。

　　３　日本語の規範的な「ハ」と「フ」の子音の調音法は異なる。

　　４　日本語の規範的な「ラ」と「ル」の子音の調音法は異なる。

⑵　文章中の下線部Ｂ「様々な調音点」に関する記述として最も適当なものを、次の１～４

　の中から一つ選べ。

　　１　日本語の規範的な「カ」の子音の調音点は、咽頭である。

　　２　日本語の規範的な「ナ」の子音の調音点は、硬口蓋である。

　　３　日本語の規範的な「マ」の子音の調音点は、両唇である。

　　４　日本語の規範的な「ラ」の子音の調音点は、軟口蓋である。

⑶　文章中の下線部Ｃ「舌の最高点の位置、口の開き具合」に関する記述として最も適当な

　ものを、次の１～４の中から一つ選べ。

　　１　日本語の規範的な「イ」は、舌の前部が高く、口の開きが狭い母音である。

　　２　日本語の規範的な「ウ」は、舌の後部が高く、口の開きが広い母音である。

　　３　日本語の規範的な「エ」は、舌の後部が高く、口の開きが狭い母音である。

　　４　日本語の規範的な「オ」は、舌の前部が高く、口の開きが広い母音である。

(4) 文章中の ⑦ と ⑦ に入れるのに最も適当な組合せを、次の1～4の中から
一つ選べ。

	㈠	㈡
1	接近音	[ɰ]
2	入破音	[ɰ]
3	接近音	[j]
4	入破音	[j]

(5) 文章中の下線部D「母音や子音が元の音から変化する現象」に関する記述として最も
適当なものを、次の1～4の中から一つ選べ。

1 「格好」と「面倒」は、語の内部で促音化が起こっている。

2 「酒屋」と「白樺」は、語の内部で音韻交替が起こっている。

3 「春雨」と「風上」は、語の内部で音の添加が起こっている。

4 「期限」と「長靴」は、語の内部で連濁が起こっている。

B 【格助詞の用法】

　日本語の格助詞には様々な用法がある。そのうち格助詞「が」の主要な用法は主格標示
　　　　　　　　　　　　　　　　　　　　　　　　　　　　　　A
である。単文における主格標示「が」の主な用法は次の二つである。一つは、文全体を焦
点とする「中立叙述」の用法、もう一つは、その文の焦点となるものを「が」で標示する
　　　　　　B
「総記」の用法である。このほかにも、文や節・句における格助詞「が」の使い方には
　　　　　　　　　　　　　　　　　　　　　C
様々な特徴がある。

　学習者の誤用に目を向けると、「太郎は帰ってきたら夕食にしよう。」のように、「が」
　　　　　　　　　　　　　　　　D
を用いるべきところに「は」を用いる誤用が見られる。また、話し言葉では「が」は省略
されることが多い。同様に、　(ア)　や、着点・方向を表す　(イ)　も省略され得る。

(6)　文章中の下線部 A「格助詞「が」」の例として最も適当なものを、次の 1 ～ 4 の中から
　　一つ選べ。

　　1　色を変えたほうがきれいだろう。

　　2　名前を呼んだが全然返事がない。

　　3　私はとても面白いと思うが。

　　4　何があろうが私は諦めない。

(7)　文章中の下線部 B「中立叙述」の例として最も適当なものを、次の 1 ～ 4 の中から一つ
　　選べ。

　　1　X：腰が痛くて重い物は持てないんですよ。

　　　　Y：では、こちらのかばんがおすすめですよ。

　　2　X：段ボールをリサイクルに出したいんだけど…。

　　　　Y：ああ、それなら金曜日が回収日だよ。

　　3　X：お店に予約の電話を入れておいてくれる？

　　　　Y：うん。あれ、携帯電話がない。

　　4　X：来期の企画の責任者は決まりましたか？

　　　　Y：はい。確か、佐藤さんが責任者です。

(8) 文章中の下線部Cに関する記述として最も適当なものを、次の1〜4の中から一つ選べ。

   1   受身文において動作主を標示することがある。

   2   使役文において被使役者を標示することがある。

   3   ガ格名詞句の主題化において「は」に前接することがある。

   4   名詞修飾節内において「の」に置き換えられることがある。

(9) 文章中の下線部Dに関して、この例と同じ原因による「は」の誤用として最も適当なものを、次の1〜4の中から一つ選べ。

   1   あっ、財布<u>は</u>落ちている。

   2   どの料理<u>は</u>おいしかったですか。

   3   高橋さんではなく佐藤さん<u>は</u>来ました。

   4   道<u>は</u>混んでいたので遅れました。

(10) 文章中の (ア) と (イ) に入れるのに最も適当な組合せを、次の1〜4の中から一つ選べ。

	(ア)	(イ)
1	「を」	「に」・「で」
2	「を」	「に」・「へ」
3	「を」・「と」	「に」・「で」
4	「を」・「と」	「に」・「へ」

C 【語の体系】

　日本語において、語は様々な観点から分類できる。語構成の観点からは、一つの語基から成る単純語（例「山」）、二つ以上の語基から成る複合語（例「春風」）、<u>一つの語基に接辞が付いた派生語</u>（例「自由化」）に分類できる。意味の観点からは<u>単義語と多義語</u>に分けられる。語の音形と意味の結び付きは、一般的に恣意的であるが、<u>恣意的ではない場合もある</u>。
A

　語は、他の語と関係を持ちながら体系を成している。例えば「犬」は、「柴犬」より意味が広く、「柴犬」を包摂する関係にある。このような関係において、「犬」を　（ア）　、「柴犬」を　（イ）　と呼ぶ。また、対義語には、程度性を持つ語と語の対立関係、<u>一方の語が肯定されれば他方の語が否定される対立関係</u>など、複数のタイプがある。

⑾　文章中の下線部Ａ「一つの語基に接辞が付いた派生語」に関する記述として最も適当なものを、次の１～４の中から一つ選べ。

　　１　接尾辞「さ」は、イ形容詞の辞書形に後接して名詞を作る。

　　２　接尾辞「み」は、イ形容詞とナ形容詞の語幹に後接して副詞を作る。

　　３　接尾辞「上」は、名詞に後接してイ形容詞を作る。

　　４　接尾辞「的」は、名詞に後接してナ形容詞を作る。

⑿　文章中の下線部Ｂ「単義語と多義語」に関する記述として最も適当なものを、次の１～４の中から一つ選べ。

　　１　多義語の複数の意味は、互いに関連を持っている。

　　２　活用形の違いにより、多義語の意味の違いが示される。

　　３　使用頻度の高い基本的な語には、単義語が多い。

　　４　科学的な専門用語には、多義語が多い。

⒀　文章中の下線部Ｃの例として最も適当なものを、次の１～４の中から一つ選べ。

　　１　機能語

　　２　擬音語

　　３　指示語

　　４　屈折語

⑭ 文章中の ⌐(ア)⌐ と ⌐(イ)⌐ に入れるのに最も適当な組合せを、次の 1 〜 4 の中から

一つ選べ。

	(ア)	(イ)
1	同位語	位相語
2	位相語	同位語
3	上位語	下位語
4	下位語	上位語

⑮ 文章中の下線部D「一方の語が肯定されれば他方の語が否定される対立関係」の例と

して最も適当なものを、次の 1 〜 4 の中から一つ選べ。

1 明るい ― 暗い

2 上手だ ― 下手だ

3 出席 ― 欠席

4 売る ― 買う

D 【文の分類】

　日本語の文は、「あっ！」のように述語を持たない独立語文と、述語を持つ述語文に分けられる。日本語で述語になるのは、基本的に動詞・　(ア)　である。さらに、述語文は<u>単文</u>と複文に分けられる。

A

　文は、情報を伝達する文と、話し手と聞き手の行為に関わる文に分けることもできる。情報を伝達する文では、<u>様々な言語形式</u>を用いて話し手の認識を表現する。また、<u>出来事</u>

　　　　　　　　　　　　　　B　　　　　　　　　　　　　　　　　　　　　　　C
<u>に対する話し手の認識を予告する機能を持つモダリティの副詞</u>が用いられることもある。

　一方、話し手と聞き手の行為に関わる文には、話し手の意志を述べる文のほか、聞き手に対し<u>許可を求める文や依頼する文</u>もある。

　　　　　　D

⒃　文章中の　(ア)　に入れるのに最も適当なものを、次の1〜4の中から一つ選べ。

　　1　イ形容詞・ナ形容詞・「名詞＋だ」

　　2　イ形容詞・ナ形容詞・連体詞

　　3　「イ形容詞＋だ」・ナ形容詞・感動詞

　　4　「イ形容詞＋だ」・ナ形容詞・接続詞

⒄　文章中の下線部A「単文」の例として最も適当なものを、次の1〜4の中から一つ選べ。

　　1　今年の夏は例年より台風が多かったように思う。

　　2　祖父の米寿のお祝いが3日後に迫ってきています。

　　3　毎朝公園で体操をするのが私の10年来の習慣です。

　　4　この意見に賛成の人もいれば反対の人もいる。

⒅　文章中の下線部B「様々な言語形式」に関する記述として最も適当なものを、次の1〜4の中から一つ選べ。

　　1　「〜するそうだ」は、証拠や観察に基づく判断であることを示す形式である。

　　2　「〜するだろう」は、推量に基づく判断であることを示す形式である。

　　3　「〜するはずだ」は、根拠のない推測に基づく判断であることを示す形式である。

　　4　「〜するようだ」は、想像に基づく判断であることを示す形式である。

⒆　文章中の下線部Ｃ「出来事に対する話し手の認識を予告する機能を持つモダリティの
　　副詞」の例として最も適当なものを、次の１～４の中から一つ選べ。

　　１　ちょっと

　　２　甚だ

　　３　きっと

　　４　かなり

⒇　文章中の下線部Ｄ「許可を求める文や依頼する文」に関する記述として最も適当な
　　ものを、次の１～４の中から一つ選べ。

　　１　「お／ご＋動詞の連用形＋ください」は、話し手が聞き手に許可を求める文になる。

　　２　「動詞の受身形＋てください」は、話し手が聞き手に許可を求める文になる。

　　３　「～てくれる」の意向形は、聞き手にある行為を依頼する文になる。

　　４　「～てもらう」の可能形の疑問文は、聞き手にある行為を依頼する文になる。

問題4　次の文章を読み、下の問い（問1～5）に答えよ。

　日本語コースの主教材は、学習者に合わせて教師が作成するのが望ましい。主教材は、ニーズ分析や目標言語調査に基づいて作成する。優れた教材を効果的・効率的に開発していくためには、「　(ア)　」と言うプロセスを組み込むことが有効である。
　　　　　　　A

　市販の教科書を使用する場合は、コースで設定したシラバスやカリキュラムに合ったものを選定することが重要である。教科書にある練習を補うための補助教材としては、イン
　　　　　　　　　　　　　　　　　　　B
フォメーション・ギャップを取り入れたタスクシートなどがよく使用される。また、実践
C
的な日本語運用能力を養成するには、生教材の使用が効果的である。
　　　　　　　　　　　　　　　D

問1　文章中の下線部A「目標言語調査」の説明として最も適当なものを、次の1～4の中から一つ選べ。

　　1　学習者が日本語を学ぶ際の目標や言語学習に対する適性を調べる調査

　　2　学習者が日本語を必要とする場面における実際の言語運用を調べる調査

　　3　学習者が既に持っている日本語に関する知識や学習経験を調べる調査

　　4　学習者が学んだ教科書で扱われていた言語項目とその配列を調べる調査

問2　文章中の　(ア)　に入れるのに最も適当なものを、次の1～4の中から一つ選べ。

　　1　Plan － Do － See

　　2　Practices － Products － Perspectives

　　3　プレゼンテーション ― コンサート ― 実践

　　4　前作業 ― 本作業 ― 後作業

問3　文章中の下線部B「シラバス」のうち、機能シラバスによる教材の目次の例として最も適当なものを、次の1～4の中から一つ選べ。

　　1　「私の家族」「好きなこと」「食べ物」

　　2　「駅で」「レストランで」「郵便局で」

　　3　「メニューを読む」「メールを読む」「広告を読む」

　　4　「依頼する」「誘う」「謝る」

問4　文章中の下線部C「インフォメーション・ギャップを取り入れたタスクシート」を
用いたペア活動の例として最も適当なものを、次の 1 ～ 4 の中から一つ選べ。

　　1　お互いの家族写真を一緒に見ながら、家族について紹介し合う。

　　2　間違い探しに用いる 2 枚の絵を一緒に見ながら、違う点を指摘し合う。

　　3　架空の町の地図を一緒に見ながら、駅への道順について確認し合う。

　　4　パーティーのイラストを一緒に見ながら、出席者が何をしているかを質問し合う。

問5　文章中の下線部D「生教材の使用」の際の留意点として最も適当なものを、次の
1 ～ 4 の中から一つ選べ。

　　1　初級レベルでテレビ番組を使用する場合、スキーマを活性化しやすい内容は避
　　　け、学習者が先入観を持たないようにする。

　　2　初級レベルで公共交通機関のアナウンスを使用する場合、前作業を十分に行い、
　　　場所や時間など必要な情報が聞き取れるようにする。

　　3　上級レベルで日本の映画を使用する場合、日本語の字幕の提示は避け、学習者に
　　　言語処理の負荷が掛からないようにする。

　　4　上級レベルでラジオ番組を使用する場合、ポーズや言い換えが多く含まれている
　　　ものを選択し、聴解の難易度が上がるようにする。

問題5　次の文章を読み、下の問い（問1～5）に答えよ。

　学習者の日本語能力を測る方法の一つにテストがある。テストは、その目的によって<u>熟達度テスト</u>（proficiency test）と到達度テスト（achievement test）に分けられる。
A

　日本語プログラム内やクラス内で行うテストを設計する際は、測定する能力などをまとめた<u>テストの細目表を作る</u>。そして、細目表を参照しながら問題を作成する。その際に
B
は、妥当性や<u>信頼性を損なう行為</u>を避けるよう注意する。さらに、テストの<u>実用性や波及</u>
C
<u>効果</u>といった要素も考慮する必要がある。テストを実施したら<u>S-P表</u>などの図表を用いて
D　　　　　　　　　　　　　　　　　　　　　　　　　　E
結果を可視化し、改良につなげることも重要である。

問1　文章中の下線部A「熟達度テスト」に関する記述として最も適当なものを、次の1～4の中から一つ選べ。

1　成績を付けたり、指導が適切だったかを検証したりするのに生かせる。

2　設定された学習内容について、学習者がどの程度習得したかを判定する。

3　出題範囲があらかじめ指定されず、幅広い難易度や領域から出題される。

4　目標に準拠した絶対評価はできないが、受験者集団に準拠した相対評価はできる。

問2　文章中の下線部B「テストの細目表を作る」利点として**不適当なもの**を、次の1～4の中から一つ選べ。

1　他の教師と共有することで、複数の教師で分担してテストを作れる。

2　テストの全体像が把握しやすく、出題内容に偏りがないか確認できる。

3　学習者にあらかじめ渡しておくと、学習者はテスト準備のガイドラインにできる。

4　テストを実施したあと、各問題の識別力を算出するためのデータにできる。

問3 文章中の下線部C「信頼性を損なう行為」の例として最も適当なものを、次の1～4の中から一つ選べ。

1　学習者全員が共有する題材を問題に用いる。

2　個々の学習者に応じて採点方法を変える。

3　多肢選択問題を採用する場合は出題数を増やす。

4　採点者間で採点過程や結果を一致させる調整を行う。

問4 文章中の下線部D「実用性や波及効果」に関する記述として最も適当なものを、次の1～4の中から一つ選べ。

1　実用性には、テストの受験が学習者の学習意欲に与える影響が含まれる。

2　実用性には、テストが測るべき能力を実際に測れているかどうかが含まれる。

3　波及効果には、テストの出題内容に合わせて教師が指導法を変えることが含まれる。

4　波及効果には、テストの出題範囲が授業目標に合致しているかどうかが含まれる。

問5　文章中の下線部E「S-P表」は次のようなものである。この表の数字に計算を加えることなく得られる情報は何か。最も適当なものを、下の1〜4の中から一つ選べ。

	問1	問5	問2	問6	問9	問10	問3	問8	問7	問4	得点
学習者O	1	1	1	1	1	1	1	1	1	1	10
学習者I	1	1	1	0	1	1	0	1	1	0	7
学習者D	1	1	1	1	1	0	1	1	0	0	7
学習者A	0	1	1	1	1	1	0	1	1	0	7
学習者T	1	1	0	1	1	0	1	0	1	0	6
学習者C	1	1	1	1	0	1	0	1	0	0	6
学習者Q	1	1	1	0	0	1	0	1	1	0	6
学習者K	1	1	1	0	1	1	0	0	0	0	5
学習者L	1	1	0	1	0	1	1	0	0	0	5
学習者H	1	1	1	1	0	1	0	0	0	0	5
学習者R	1	1	1	0	0	1	0	0	0	0	4
学習者F	1	1	0	1	0	0	1	0	0	0	4
学習者J	1	0	0	1	1	0	0	1	0	0	4
学習者N	1	0	1	0	0	1	0	1	0	0	4
学習者G	1	1	1	0	0	0	1	0	0	0	4
学習者P	1	1	1	0	0	0	1	0	0	0	4
学習者M	1	0	0	1	1	0	0	0	0	0	3
学習者S	0	0	0	1	0	0	0	0	1	1	3
学習者E	1	0	1	0	0	0	1	0	0	0	3
学習者B	1	1	0	0	0	0	0	0	0	0	2
正答者数	18	15	14	10	9	9	8	8	6	2	

1　各学習者の各質問項目の得点とテスト全体の得点との相関関係が分かる。

2　各質問項目について成績上位群と下位群の正答率の差が分かる。

3　各質問項目が全体として同一の特性を測定しているかどうかが判断できる。

4　全体の傾向とは性質の異なる質問項目や学習者を見つけることができる。

このページには問題が印刷されていません。

問題 6 は次のページにあります。

問題6 次の文章を読み、下の問い（問1〜5）に答えよ。

　外国語教育の教授法は時代によって変化する。オーディオ・リンガル・メソッド、コミュニカティブ・アプローチを経て、1980年代にはアメリカで内容重視の指導法（CBI）
が体系化された。その流れを受け、カナダではイマージョン教育が生まれ、成果を上げた。
　内容を重視した方法には、ほかに1990年代にヨーロッパで生まれた内容言語統合型学習
（CLIL）がある。その特徴は、Content（内容）、Communication（言語知識・言語使用）、
Cognition（思考）、　(ア)　という四つの概念（4C）に沿って、計画的に内容・方法・教
材を検討し、実施する点にある。また、CLILでは、スキャフォールディングなど六つの
特徴の下に、指導法が具体的に示されている。そのほかに、コミュニケーション重視の流
れを受けて提唱されたタスク中心の教授法（TBLT）もある。

問1 文章中の下線部A「内容重視の指導法」に関する記述として最も適当なものを、次の
1〜4の中から一つ選べ。

1　文法規則を示したあとに繰り返し練習し、最後にゲームやタスクで言語産出をする。

2　学習者が母語や目標言語で自由に話し、教師は耳元で目標言語での表現を教える。

3　言語形式とそれが使われる文脈を切り離さずに捉えて、教育活動を進めていく。

4　教科書を使用せずに教師はできるだけ沈黙し、学習者の能力を最大限引き出す。

問2 文章中の下線部B「イマージョン教育」の説明として最も適当なものを、次の1〜4
の中から一つ選べ。

1　支援者に横に付いてもらいながら、目標言語の母語話者と同じ授業を受ける形態

2　目標言語が話せない状態で、目標言語の母語話者のクラスに入って一緒に学ぶ形態

3　特定の授業で、在籍するクラスとは別の場所に通級して目標言語を学ぶ形態

4　全員が非母語話者のクラスで、理科や数学などの教科を目標言語で学ぶ形態

問3　文章中の ［（ア）］ に入れるのに最も適当なものを、次の 1 〜 4 の中から一つ選べ。

　　1　Citizenship/Culture（市民性・異文化理解）

　　2　Community/Culture（協学・異文化理解）

　　3　Comparison/Culture（比較・異文化理解）

　　4　Criticism/Culture（批判・異文化理解）

問4　文章中の下線部Cの「スキャフォールディング」に関する指導法の記述として最も適当なものを、次の 1 〜 4 の中から一つ選べ。

　　1　学習者の持っている知識、技能、経験を生かす。

　　2　メディアなどで使われている最新の素材を生かす。

　　3　学習者に、目標言語を使う人と交流する機会を作る。

　　4　学習者が学習成果の到達度を評価する機会を作る。

問5　文章中の下線部D「タスク中心の教授法」の特徴として最も適当なものを、次の 1 〜 4 の中から一つ選べ。

　　1　指導の焦点はタスクのプロセスではなく、達成できたかどうかという結果にある。

　　2　言語形式に焦点を当てながら目標言語を理解、操作、発話したりするタスクを行う。

　　3　タスクの難易度を決める要因は、タスク達成のために使用する語彙と文型の難しさの二つである。

　　4　タスクは、学習者の生活上の必要性に基づくものでも、教師の指導の目的に基づくものでもよい。

問題7 次の文章を読み、下の問い（問1〜5）に答えよ。

　近年、インターネットを活用するe-learningが日本語教育に取り入れられている。以前からブレンディッド・ラーニングの有用性は認められており、2020年以降多くの教育機関
<u>A</u>
で対面授業だけではなく、オンライン授業も実施するようになった。オンライン授業には、リアルタイムで行う同期型と録画などを利用する<u>非同期型</u>がある。また、<u>ハイフレッ</u>
BC
<u>クス型授業</u>も行われている。

　授業にICTを取り入れる際には、動画サイトや学習支援サイト、SNSなどの中から<u>適切</u>
D
<u>なメディアを選択する</u>必要がある。また、教師には<u>著作権</u>に関する十分な知識も求められる。
E

問1　文章中の下線部A「ブレンディッド・ラーニング」の説明として最も適当なものを、次の1〜4の中から一つ選べ。

1　オンライン教材を活用し、複数の技能を統合的に身に付ける学習形態

2　国内外の二つの大学から学位を得るため、オンラインで授業を受ける学習形態

3　インターネットを介し、母語の異なる二人が互いの母語や文化を学び合う学習形態

4　オンライン学習と対面学習を組み合わせ、相互補完的に活用する学習形態

問2　文章中の下線部B「非同期型」オンライン授業のメリットとして最も適当なものを、次の1〜4の中から一つ選べ。

1　教師は学習者の活動や思考のプロセスに関し、詳細な情報を収集することができる。

2　学習者は同期型に比べ、時間に縛られない学習環境を確保することができる。

3　個別の質問にすぐ対応できるため、授業に対する学習者の満足度が高まりやすい。

4　ドリルの問題が決められた順番に提示されるため、学習項目が定着しやすい。

問3　文章中の下線部Ｃ「ハイフレックス型授業」の説明として最も適当なものを、次の1～4の中から一つ選べ。

1　知識導入のための動画を事前に視聴させ、教室では学習者同士の協働活動を中心に行う授業形態

2　授業前に動画視聴と確認テストを行い、その評価を基に教室で個別対応をする授業形態

3　教室にウェブカメラなどを設置し、対面授業とオンライン授業とを同時に行う授業形態

4　学習者が日常的に使用しているデジタル端末を、教室に持ち込んで使用させる授業形態

問4　文章中の下線部Ｄ「適切なメディアを選択する」際の留意点として**不適当なもの**を、次の1～4の中から一つ選べ。

1　そのメディアが学習者の学習環境に合っているかどうかを精査する。

2　そのメディアが教育の目的や学習活動に適しているかどうかを判断する。

3　メディアを使用する際の予算の有無など、経済的、組織的条件を考慮する。

4　学習者のメディアに対する好みに左右されず、教育の効果を優先する。

問5　文章中の下線部Ｅ「著作権」に関して、大学の授業において著作権者に無断で行っても**著作権の侵害にならない例**を、次の1～4の中から一つ選べ。

1　授業用に録画したニュース番組を、教員間で相互に使用できるようにライブラリー化して使用する。

2　第三者の個人ブログからダウンロードした写真やイラストの一部に修正を加え、授業用スライドに用いる。

3　対面授業でウェブ上の教育利用のためのコンテンツを再生し、プロジェクターで投影して履修者に見せる。

4　海外でオンライン受講している学習者に、大学が購入した教科書を一冊分PDF化して配付する。

問題8　次の文章を読み、下の問い（問1〜5）に答えよ。

　日本語教育の現場では、学習者の異文化適応の過程を理解する必要がある。一般的な異文化適応の過程はUカーブモデルによって説明されている。
　　　　　　　　　　　　　　　　　　　A

　日本語教師は、学習者に適応を求めるだけではなく、文化の異なる学習者との円滑なコミュニケーションのために、非言語コミュニケーションの知識を持つ必要がある。ホール
　　　　　　　　　　　　　　　　　B
（E. Hall）が提唱したポリクロニックな時間意識を持つ文化の傾向についても理解してお
　　　　　　　　　　　　C
くとよい。また、アサーティブな自己表現を身に付けることも必要である。さらに、自分
　　　　　　　　D
自身を客観的に見つめ直すことも重要であり、その際にはジョハリの窓（Johari Window）
　　　　　　　　　　　　　　　　　　　　　　　　　E
などが参考になる。

問1　文章中の下線部A「Uカーブモデル」のハネムーン期の事例として最も適当なものを、次の1〜4の中から一つ選べ。

　　1　自分の国に帰ってきて懐かしい風景を見ることで安心し、家族との再会を喜んだ。

　　2　手土産を持参するというこの国の習慣は、相手への気遣いを表すためだと学んだ。

　　3　以前はこの国の友達ができなくて寂しかったが、最近友達ができてうれしく思う。

　　4　この国で見るものはどれも新鮮で美しく、この国に来てよかったと思う。

問2　文章中の下線部B「非言語コミュニケーション」によるメッセージの特徴として最も適当なものを、次の1〜4の中から一つ選べ。

　　1　単独で用いられ、言語とともに用いられることはない。

　　2　過去や未来のことを表すための文法的な時制の形式がない。

　　3　単純で分かりやすいため誤解されることが少ない。

　　4　文化ごとに特有なものはあるが、文化を超えて共通なものはない。

問3 文章中の下線部C「ポリクロニックな時間意識を持つ文化の傾向」として最も適当なものを、次の1〜4の中から一つ選べ。

1 計画や予定よりもその時々の事柄を大切にする傾向

2 予定を管理し物事を一つずつ処理しようとする傾向

3 過去に起きたことや経験を重視する傾向

4 未来を良くするために前進し続けようとする傾向

問4 文章中の下線部D「アサーティブな自己表現」に関する記述として最も適当なものを、次の1〜4の中から一つ選べ。

1 相手との間に葛藤が起こらないように、暗示的に意見を述べる。

2 相手の気持ちを害することがあっても、自分の意見をはっきり表現する。

3 自分の意見を表明し、相手を納得させるために数値を用いて説明する。

4 自分も相手も尊重しながら、その場に適した方法で意見を率直に表現する。

問5 文章中の下線部E「ジョハリの窓」に関して、次の①〜④に入れるのに最も適当な組合せを、下の1〜4の中から一つ選べ。

	自分が知っている	自分が知らない
他人に知られている	①	②
他人に知られていない	③	④

ジョハリの窓（Johari Window）

	①	②	③	④
1	秘密の窓	盲目の窓	開放の窓	未知の窓
2	秘密の窓	未知の窓	開放の窓	盲目の窓
3	開放の窓	盲目の窓	秘密の窓	未知の窓
4	開放の窓	未知の窓	秘密の窓	盲目の窓

問題9 次の文章を読み、下の問い（問1～5）に答えよ。

　近年、文化間移動をする子どもが増えている。<u>子どもと大人の第二言語の習得には異なる特徴がある</u>。カミンズ（J. Cummins）は、子どものバイリンガリズムについて<u>敷居（閾）仮説</u>を提唱した。また、子どもの場合、｜ (ア) ｜より｜ (イ) ｜のほうが習得に時間がかかることも指摘している。
A

　<u>学齢期の子どもが第二言語として日本語を学習する際にも</u>、いくつかの特徴が見られる。そのほか、学習には<u>内発的動機づけ</u>も関与している。

問1 文章中の下線部Aに関する記述として最も適当なものを、次の1～4の中から一つ選べ。

　1　大人のほうが認知能力が発達しており、初期段階では文法の習得が速い。

　2　大人の場合、発音の習得が難しく、十分な伝達能力を身に付けるのは困難である。

　3　子どものほうが母語のフィルターが強いため、第二言語の聞き取りが困難である。

　4　子どもの場合、年齢よりも言語適性による個人差が最終的な到達度に影響する。

問2 文章中の下線部B「敷居（閾）仮説」に関する記述として最も適当なものを、次の1～4の中から一つ選べ。

　1　第一言語が十分に身に付いていない場合は、第二言語も身に付きにくい。

　2　二つの言語が年齢相当に発達している場合は、認知発達に正の影響がある。

　3　一方の言語の習得が進むほど、もう一方の言語の能力は低下していく。

　4　表面上は二つの言語の能力は異なるが、根底には共有する言語能力がある。

問3 文章中の ⌈ (ア) ⌋ と ⌈ (イ) ⌋ に入れるのに最も適当な組合せを、次の1～4の中から一つ選べ。

	(ア)	(イ)
1	談話能力	語用論的能力
2	語用論的能力	談話能力
3	学習言語能力（CALP）	生活言語能力（BICS）
4	生活言語能力（BICS）	学習言語能力（CALP）

問4 文章中の下線部Cに関する記述として最も適当なものを、次の1～4の中から一つ選べ。

 1 会話が重要で読み書きを学ぶ必要はない。

 2 必要な語彙や学習の順序が大人と異なる。

 3 自分の意志によって開始されることが多い。

 4 教科の知識と日本語を同時に学習する必要性は低い。

問5 文章中の下線部D「内発的動機づけ」の例として最も適当なものを、次の1～4の中から一つ選べ。

 1 日本語で好きな漫画を読めるようになりたい。

 2 日本語の大会で賞金を獲得してゲームを買いたい。

 3 クラスで一番の成績を取って褒められたい。

 4 いい学校に合格して家族の期待に応えたい。

問題10　次の文章を読み、下の問い（問1～5）に答えよ。

　初期の第二言語習得研究では、対照分析が盛んであった。しかし、研究が進むうちに、母語と目標言語の違いだけでは学習者の<u>誤用</u>は説明しきれないことが明らかになった。そ
A
のため、学習者の誤用やその原因に焦点を当てた<u>誤用分析</u>が行われるようになった。誤用
B
分析では、言語間の誤りと言語内の誤り、<u>グローバルエラー</u>とローカルエラー、といった
C
誤用の分類も整理された。その後、母語とは関わらない<u>習得順序や発達順序</u>の研究が行わ
D
れるようになった。近年では、<u>第二言語習得に与える母語の影響</u>も見直されている。
E

問1　文章中の下線部A「誤用」の種類とその記述の最も適当な組合せを、次の1～4の中から一つ選べ。

	誤用の種類	誤用の種類に関する記述
1	言語間の誤り	母語とは無関係に学習者全般に見られる。
2	言語内の誤り	発達途上の誤りであり、学習過程で起きる。
3	エラー	言語知識にかかわらず、成人母語話者にも見られる。
4	ミステイク	学習者の構築した規則に基づいて起きる。

問2　文章中の下線部B「誤用分析」に関する記述として最も適当なものを、次の1～4の中から一つ選べ。
1　誤用は習得過程で必然的に生じるものであり、誤用を繰り返しながら習得が進む。
2　誤用を産出させないように繰り返し機械的な練習を行うことで習得が進む。
3　一度きりの言い間違いであっても分析対象とし、習得過程を明らかにする。
4　学習者が意図的に使用を回避した形式の分析を行うことが中心課題である。

問3　文章中の下線部C「グローバルエラー」の例として最も適当なものを、次の1～4の中から一つ選べ。

1　昨日電車で傘を忘れます。

2　図書館の前に会いましょう。

3　母に私が時計をくれました。

4　この写真を見ってください。

問4　文章中の下線部D「習得順序や発達順序」に関する記述として最も適当なものを、次の1～4の中から一つ選べ。

1　習得順序は、一つの文法項目が習得される際にたどる普遍的な順序である。

2　習得順序は、複数の項目がどの順番で習得されるかを示した順序である。

3　発達順序は、学習者の使用の傾向や誤用の消滅も含めた習得の順序である。

4　発達順序は、個々の学習者によって異なる習得の順序である。

問5　文章中の下線部E「第二言語習得に与える母語の影響」に関する記述として最も適当なものを、次の1～4の中から一つ選べ。

1　語の用法のうち学習者が基本的だと感じたものは転移が起こりにくい。

2　母語と目標言語との間に類似点がある項目は転移が起こりにくい。

3　文法形態素は音声や語彙に比べて転移が起こりにくい。

4　談話の構成や展開に関することは転移が起こりにくい。

問題11 次の文章を読み、下の問い（問1～5）に答えよ。

　言語にはバリエーションがあり、社会集団や専門分野によって使い分けられている。例えば、専門家の間では<u>術語</u>が使用される。ある集団に特徴的な言葉は<u>集団語</u>と称される。
A　　　　　　　　　　　　　　　　　　　　　　　　　　B
集団語の中でも<u>職業語</u>は、ある職業や業界から生じた語である。<u>隠語</u>は秘密を保持する役
C　　　　　　　　　　　　　　　　　　　　　　　　D
割が強い。

　また、共通語アクセント（東京アクセント）で見た場合、<u>「ファイル」などの一般的な</u>
E
<u>単語が集団内で頻繁に用いられるうちに、アクセントが変化する</u>ことがある。

問1　文章中の下線部A「術語」の性質として最も適当なものを、次の1～4の中から一つ選べ。

　　1　国際性が薄く、地域ごとに独自性がある。

　　2　外来語や新語が使用されにくい。

　　3　能率的かつ正確に内容が伝えられる。

　　4　一般語に置き換えることが可能である。

問2　文章中の下線部B「集団語」に関する記述として最も適当なものを、次の1～4の中から一つ選べ。

　　1　帰属意識が強い構成員ほど、その集団の集団語をよく使う。

　　2　他集団に自集団の集団語を使うと、他集団との心的距離が縮まる。

　　3　集団語は、集団の外に広まっても一般語との境界が明確である。

　　4　集団語の意味の通じやすさは、集団の内外で同じである。

問3　文章中の下線部C「職業語」に由来する語の例として最も適当なものを、次の1～4の中から一つ選べ。

　　1　じゃがいもを指す「男爵」

　　2　家電製品を指す「白物」

　　3　稲が緑色の田を指す「青田」

　　4　仕事を休むことを指す「欠勤」

問4　文章中の下線部D「隠語」の例として最も適当なものを、次の1〜4の中から一つ
選べ。

　　1　店員同士が、トイレに行くことを客に知られないように「遠方に」と言う。

　　2　商売人が、もうかっていることを相手に悟られないように「ぼちぼち」と言う。

　　3　知人に個人的な話をする際に、ほかの人に漏れないように「例の件は」と言う。

　　4　友人と商品の値段について話す際に、周囲に分からないように「コスパ」と言う。

問5　文章中の下線部Eに関する記述として最も適当なものを、次の1〜4の中から一つ
選べ。

　　1　頭高型になる傾向がある。

　　2　中高型になる傾向がある。

　　3　尾高型になる傾向がある。

　　4　平板型になる傾向がある。

問題12 次の文章を読み、下の問い（問1〜5）に答えよ。

　日本語の待遇表現は、ウチとソトや上下関係などに応じて使い分けられる。例えば、全国共通語では　(ア)　の人に対して、　(イ)　の　(ウ)　の人を立てず、部下が「課長の山田からご連絡申し上げます。」などと言う。待遇表現の代表例である敬語は、<u>尊敬語、謙譲語Ⅰ、謙譲語Ⅱ（丁重語）、丁寧語、美化語の五つに大別される</u>。これらの正しい理解
A
が<u>敬語を適切に使用する際に重要である</u>。
B
　<u>敬語は時代によって変化したり、地域によって異なったりする</u>。また、日本語では<u>会話</u>
C
<u>の中で言語形式の丁寧さが切り替わる</u>ことがある。
D

問1 文章中の　(ア)　、　(イ)　、　(ウ)　に入れるのに最も適当な組合せを、次の1〜4の中から一つ選べ。

	(ア)	(イ)	(ウ)
1	目上	目下	ソト
2	目下	目上	ソト
3	ウチ	ソト	目上
4	ソト	ウチ	目上

問2 文章中の下線部Aに関して、次の会話文中の下線部①〜④に関する記述として最も適当なものを、下の1〜4の中から一つ選べ。

鈴木：田中さんは明日も<u>おいでになります</u>か？
　　　　　　　　　　　　　①

田中：いえ、別のシンポジウムに<u>参り</u>ます。山本さんが<u>お話しになる</u>ので。
　　　　　　　　　　　　　　　　②　　　　　　　　　　　③

鈴木：そうなん<u>です</u>か。
　　　　　　　④

1　①は聞き手の「田中」を立てて使う謙譲語Ⅰである。

2　②は聞き手の「鈴木」に対して使う謙譲語Ⅱ（丁重語）である。

3　③は話題の「山本」を立てて使う美化語である。

4　④は話題の「山本」に対して使う丁寧語である。

問3　文章中の下線部Bに関して、尊敬語の規範的な使用例として最も適当なものを、次の1～4の中から一つ選べ。

　　1　（受付にて）山田様でございますね。お待ちしておりました。

　　2　（車掌から）特急にご乗車されるお客様はお気をつけください。

　　3　（先生に）相談があるのですが、先生は今週お忙しいでしょうか？

　　4　（客に）ご注文の品はおそろいになりましたでしょうか？

問4　文章中の下線部Cに関する記述として最も適当なものを、次の1～4の中から一つ選べ。

　　1　現代日本語の特定の地域方言では、身内に対して用いられる尊敬語がある。

　　2　現代日本語では、敬語を用いず、文末表現などで敬意を示す地域方言はなくなった。

　　3　現代日本語の共通語では、軽卑表現などのマイナスの敬語は見られなくなった。

　　4　上代の日本語は相対敬語であり、天皇や貴族などが自敬表現を用いていた。

問5　文章中の下線部Dに関して、丁寧体を基本とした会話において普通体に切り替わる条件として最も適当なものを、次の1～4の中から一つ選べ。

　　1　自分自身の品位を示すとき

　　2　聞き手と心的距離を取るとき

　　3　新しい話題を導入するとき

　　4　自問するような発話をするとき

問題13 次の文章を読み、下の問い（問1〜5）に答えよ。

　会話では様々な仕組みが働いている。会話において円滑な意思疎通が成立するのは、協調の原理（グライス（H. P. Grice））が守られているからである。この協調の原理は、
_A
量・質・関係・様態という四つの会話の公理から成る。しかし、話し手は会話の公理に
違反した発話をすることもある。
_B

　発話の意味は、異なる文化に属する人の間での会話においては、誤解されることがある。これを防ぐためには、発話がどう解釈されるべきかという　(ア)　の合図を理解することが重要である。

　また、会話では参加者が発話の順番を交代していくシステム（turn taking system）が
_C
働いている。発話の連鎖の中には隣接ペアも見られる。
_D

問1　文章中の下線部A「協調の原理」の説明として最も適当なものを、次の1〜4の中から一つ選べ。

　　1　相手と協力しながら言葉の意味を確認して理解し合っていくこと

　　2　発話を通して特定の意図を伝えることで相手に影響を与えること

　　3　会話において相手との人間関係に配慮して発話すること

　　4　自分の発話を会話の目的や方向に沿ったものにすること

問2 文章中の下線部B「会話の公理に違反した発話」に関して、**「質の公理」に違反し
ている返答の例**を、次の1～4の中から一つ選べ。

1　X：鈴木さんってリーダーシップある？

　　Y：彼は字がすごくきれいですね。

2　X：昨日の仕事どうだった？

　　Y：やりたくもない仕事で、すごく楽しかったよ。

3　X：出発時間は何時ですか？

　　Y：早朝です。

4　X：こんな遅くまでどこで何をしてたの？

　　Y：外だけど。

問3 文章中の　(ア)　に入れるのに最も適当なものを、次の1～4の中から一つ選べ。

1　意識化

2　活性化

3　概念化

4　文脈化

問4 文章中の下線部C「参加者が発話の順番を交代していくシステム」の基本的なルール
に当てはまる行動の例として最も適当なものを、次の1～4の中から一つ選べ。

1　相手に質問をして、自分が話すのをやめる。

2　相手が相づちを打ったら、自分が話すのをやめる。

3　相手が話している最中に、自分が話し始める。

4　誰も話さないときは、最後の話し手に話すよう促す。

問5 文章中の下線部D「隣接ペア」に関して、次の会話文における隣接ペアはどれか。最も適当なものを、下の1〜4の中から一つ選べ。

　魚屋：いらっしゃい。……………………………ア

　　客：このお魚、おいくらですか？…………イ

　魚屋：お目が高いですね。……………………ウ

　　客：煮付けにでもしようかな。……………エ

　魚屋：1尾500円です。　………………………オ

　　客：じゃあ頂きます。………………………カ

1　アーイ

2　イーオ

3　ウーエ

4　ウーカ

このページには問題が印刷されていません。

問題14は次のページにあります。

問題14 次の文章を読み、下の問い（問1～5）に答えよ。

　　日本語教育は海外でも広く行われている。海外での日本語の普及に関わる機関の一つに国際交流基金がある。国際交流基金が実施した「2021年度海外日本語教育機関調査」によ
A
ると、海外の日本語学習者数は約　　(ア)　　で、そのうち東アジアと東南アジアで
約　　(イ)　　を占めている。学習者数は多い順に、中国、インドネシア、韓国、オーストラリア
となっており、国によって教育段階別（初等教育、中等教育、高等教育、学校教育以外）
B
の学習者数比に違いが見られる。また、日本語学習の目的・理由も多岐にわたっている。
C
　　国際交流基金は様々な海外日本語教育の支援事業も実施している。その中には海外への
D
人材派遣事業も含まれている。

問1　文章中の下線部A「国際交流基金」の活動目的に関する記述として最も適当なものを、
次の1～4の中から一つ選べ。

1　外国人材の日本への受入れの促進を図り、国際経済社会の発展に寄与する。

2　文化、言語、対話を通じて、日本と世界の人々の間に共感や信頼、好意を育成する。

3　日本と諸外国の児童・青少年を対象とした外国語教育や文化の理解を促進する。

4　貿易・投資促進と開発途上国研究を通じ、日本の経済・社会の発展に貢献する。

問2　文章中の　　(ア)　　と　　(イ)　　に入れるのに最も適当な組合せを、次の1～4の中から
一つ選べ。

	(ア)	(イ)
1	280万人	5割
2	280万人	8割
3	380万人	5割
4	380万人	8割

問3 文章中の下線部Bに関する記述として最も適当なものを、次の1～4の中から一つ選べ。

　　1　インドネシアでは、初等教育機関で学ぶ学習者が最も多い。

　　2　オーストラリアでは、中等教育機関で学ぶ学習者が最も多い。

　　3　中国では、高等教育機関で学ぶ学習者が最も多い。

　　4　韓国では、学校教育以外の機関で学ぶ学習者が最も多い。

問4 文章中の下線部C「日本語学習の目的・理由」に関して、前回調査（2018年度）では上位5位以内だったが、2021年度の調査結果では**上位5位から外れたもの**を、次の1～4の中から一つ選べ。

　　1　日本への留学

　　2　日本語そのものへの興味

　　3　歴史・文学・芸術等への関心

　　4　アニメ・マンガ・J-POP・ファッション等への興味

問5 文章中の下線部D「海外への人材派遣事業」に関して、国際交流基金が行っている「米国若手日本語教員（J-LEAP）派遣事業」の説明として最も適当なものを、次の1～4の中から一つ選べ。

　　1　日本語の教授経験がなくても応募でき、派遣先の日本語教師のアシスタント業務や、その地域での日本語教育の促進活動を行う。

　　2　日本語の教授経験がなくても応募でき、派遣先の日本語教師や学習者のパートナーとして、日本語学習支援や日本文化の紹介を行う。

　　3　日本語教育の知識や経験を持っている人材が応募でき、現地での授業実践や現地教師の教授技術向上への協力を行う。

　　4　日本語教育の知識を持っている人材が応募でき、専任講師として日本での生活に必要となる日本語や社会文化理解の予備教育を行う。

問題15 次の文章を読み、下の問い（問１～５）に答えよ。

　日本語教員の養成に関しては、今日に至るまで様々な検討が行われている。1980年代に
は日本語教育に関する多くの事業が始まった。昭和60年（1985年）には「日本語教員の養
成等について」（日本語教育施策の推進に関する調査研究会）で、教員養成で扱うべき４
領域と標準的時間数（単位数）などが示された。

　また、平成12年（2000年）には「日本語教育のための教員養成について」（日本語教員
の養成に関する調査研究協力者会議）で指針が示された（以下、「平成12年指針」と呼ぶ）。

　さらに、平成31年（2019年）には「日本語教育人材の養成・研修の在り方について（報
告）改定版」（文化審議会国語分科会）がまとめられた。そこでは、「平成12年指針」に
おける教育内容に対する課題が示された。また、日本語教育人材の役割が三つに整理さ
れ、そのうちの「日本語教師」については　（ア）　の段階が示されている。

問１　文章中の下線部Ａに関する記述として最も適当なものを、次の１～４の中から一つ
　　　選べ。

　　１　文化審議会国語分科会の中に日本語教育小委員会が設置された。

　　２　国立大学に日本語教員養成学科、課程等が設置された。

　　３　文化庁の地域日本語教育コーディネーター研修が開始された。

　　４　学校教育においてJSLカリキュラムによる課程が開始された。

問２　文章中の下線部Ｂ「教員養成で扱うべき４領域と標準的時間数（単位数）」に関して、
　　　一般の日本語教員養成機関において最も多くの時間数が設定された領域はどれか。
　　　最も適当なものを、次の１～４の中から一つ選べ。

　　１　「日本語の構造に関する体系的、具体的な知識」・「日本人の言語生活等に関する
　　　　知識・能力」

　　２　「日本事情」

　　３　「言語学的知識・能力」

　　４　「日本語の教授に関する知識・能力」

問3 文章中の下線部Cに関して、この指針で変化した点として**不適当なもの**を、次の1～4の中から一つ選べ。

1　各日本語教員養成機関の自主的な判断で教育課程の編成を行いやすくなった。

2　大学での日本語教員養成課程における主専攻・副専攻の区分がなくなった。

3　一般の日本語教員養成機関における420時間の標準的な教育内容が示された。

4　日本語教員養成課程で学ぶべき教育内容として3領域5区分が示された。

問4 文章中の下線部D「「平成12年指針」における教育内容に対する課題」に関する記述として最も適当なものを、次の1～4の中から一つ選べ。

1　教育内容における各項目相互の関連性が十分に考慮されていない。

2　教育内容の例は示されているものの、必ず学習すべき内容が明示されていない。

3　コミュニケーション学などの関係学問の成果が教育内容に取り入れられていない。

4　教育実習など実践力の養成に偏重し、知識と実践力のバランスが取れていない。

問5 文章中の　（ア）　に入れるのに最も適当なものを、次の1～4の中から一つ選べ。

1　「養成」「初任」「中堅」

2　「養成」「中堅」「主任教員」

3　「初任」「中堅」「主任教員」

4　「初任」「中堅」「コーディネーター」

このページには問題が印刷されていません。

このページには問題が印刷されていません。

令和5年度日本語教育能力検定試験

試験Ⅱ　問題冊子

30分

[注意事項]

1　「試験Ⅱを始めます」という指示があるまで、解答用紙への受験番号と氏名の記入以外は、鉛筆・シャープペンシルを持ってはいけません。

2　「試験Ⅱを始めます」という指示があるまで、この冊子の中を見てはいけません。

3　この問題冊子は19ページまであります。

4　問題は音声によって提示されます。

　　問題提示の前に、問題冊子および解答用紙の点検が指示されます。不備があった場合は、指示終了後直ちに手を挙げて、監督者に知らせてください。

　　問題の提示が始まってからは、問題冊子および解答用紙の取り替えは受け付けません。

5　監督者の指示に従って、解答用紙の所定の欄に、氏名および受験番号を正しく記入してください。受験番号は、数字欄に数字を記入し、その下のマーク欄にも必ずマークしてください。正しくマークされていないと、採点できないことがあります。

6　解答は全て解答用紙の解答欄にマークしてください。

　　例えば、問題1の1番に「a」と解答する場合、次の（例）のように問題1の1番の解答欄の@をマークしてください。

（例）

問題番号		解　答　欄
問題1	例	ⓐ ● ⓒ ⓓ
	1番	● ⓑ ⓒ ⓓ

問題冊子に記入しても採点されません。

また、後で転記する時間はないので、直接解答用紙の解答欄にマークしてください。

7　解答用紙の[注意事項]もよく読んでください。

8　この試験Ⅱの問題冊子は、必ず持ち帰ってください。ただし、この冊子の複写・複製、引用等は固く禁じます。

1

このページには問題が印刷されていません。

問題1は次のページにあります。

問題1

　これから、学習者が文を言います。問題冊子の下線を引いた部分について、学習者がどのようなアクセント形式で言ったかを聞いて、該当するものを、問題冊子の選択肢a、b、c、dの中から一つ選んでください。

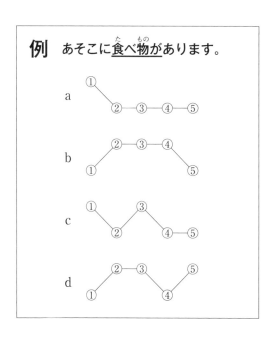

1番 友達は<u>ハリネズミ</u>を飼っています。　**2番**　足のけがは、<u>おかげさまで</u>良くなりました。

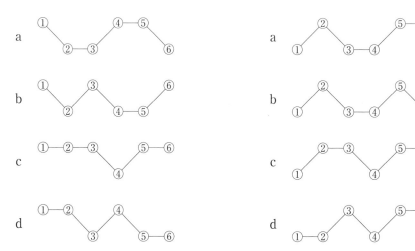

4

来週、<u>たけのこ狩り</u>に行く予定です。

a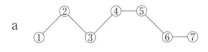

b

c

d

4番 今、<u>祭りに向けて</u>準備しています。

a

b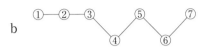

c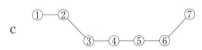

d

5番 すぐに<u>見ていただけると</u>、ありがたいです。

a

b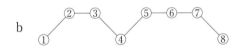

c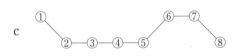

d

6番 値段は高いけど、<u>長い目で見れば</u>、お得です。

a

b

c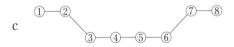

d

5

問題2

　これから、教師が、学習者の発音上、問題がある箇所を言い直します。発音上の問題として最も適当なものを、問題冊子の選択肢a、b、c、dの中から一つ選んでください。

例

　　a　拍の長さ（特殊拍の挿入）

　　b　プロミネンス

　　c　アクセントの下がり目　と　プロミネンス

　　d　句末・文末イントネーション

1番

　　a　拍の長さ（特殊拍の挿入）

　　b　アクセントの下がり目

　　c　特殊拍の位置

　　d　特殊拍の種類

2番

　　a　アクセントの下がり目

　　b　アクセントの下がり目　と　プロミネンス

　　c　ポーズの位置

　　d　ポーズの位置　と　句末・文末イントネーション

3番

　　a　アクセントの下がり目　と　特殊拍の位置

　　b　アクセントの下がり目　と　特殊拍の種類

　　c　句末・文末イントネーション　と　特殊拍の位置

　　d　句末・文末イントネーション　と　特殊拍の種類

6

4番

    a   句末・文末イントネーション

    b   句末・文末イントネーション　と　ポーズの位置

    c   アクセントの下がり目

    d   アクセントの下がり目　と　ポーズの位置

5番

    a   アクセントの下がり目　と　特殊拍の位置

    b   アクセントの下がり目　と　ポーズの位置

    c   プロミネンス　と　特殊拍の位置

    d   プロミネンス　と　ポーズの位置

6番

    a   句末・文末イントネーション　と　特殊拍の位置

    b   句末・文末イントネーション　と　プロミネンス

    c   アクセントの下がり目　と　特殊拍の位置

    d   アクセントの下がり目　と　プロミネンス

問題3

　これから、教師が、学習者の発音上、問題がある箇所を言い直します。発音上の問題として最も適当なものを、問題冊子の選択肢 a 、 b 、 c 、 d の中から一つ選んでください。

例　たくさん　べんきょうしました。

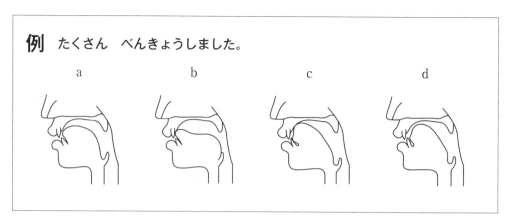

1番　わたしの　くには　とても　さむいです。

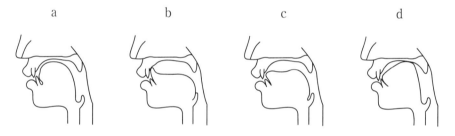

2番　さくらが　まんかいです。

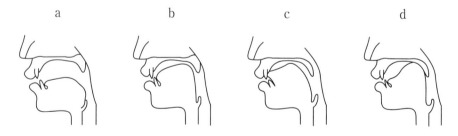

3番　にほんは　じょせいの　せいじかが　すくないですね。

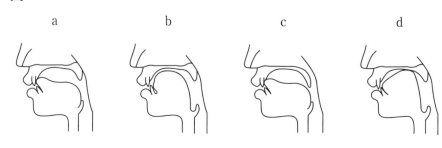

8

4番 わたしの　へやは　ペットが　かえません。

    a　調音点

    b　声帯振動

    c　母音の脱落

    d　子音の脱落

5番 せんしゅう　あきたけんに　いきました。

    a　調音点　と　調音法

    b　舌の高さ　と　舌の前後位置

    c　声帯振動　と　気息の有無

    d　声帯振動　と　唇のまるめ

6番 わたしは　ごにんかぞくです。

    a　調音点　と　調音法

    b　調音点　と　声帯振動

    c　調音法　と　声帯振動

    d　舌の高さ　と　舌の前後位置

7番 けさ　ろくじに　おきました。

    a　調音点　と　調音法

    b　調音点　と　声帯振動

    c　調音法

    d　声帯振動

8番 らいねんの　てちょうを　かいました。

    a　唇のまるめ　と　舌の前後位置

    b　唇のまるめ　と　舌の高さ

    c　気息の有無　と　舌の前後位置

    d　気息の有無　と　舌の高さ

問題4

　これから、日本語を母語とする人と日本語を母語としない人の会話などを聞きます。それぞれについて、問いが複数あります。それぞれの問いの答えとして最も適当なものを、問題冊子の選択肢ａ、ｂ、ｃ、ｄの中から一つ選んでください。**（この問題には例がありません。）**

1番　授業の最終日に、学習者が授業の感想を発表しています。

　問1　この学習者の発話に繰り返し見られる発音の誤りと同様の誤りは、次のうちどれですか。
　　ａ　「こと（古都）」を「こうと」と発音する。
　　ｂ　「せいと（生徒）」を「せと」と発音する。
　　ｃ　「べっと（別途）」を「べど」と発音する。
　　ｄ　「べんとう（弁当）」を「べんど」と発音する。

　問2　この学習者の発話に観察される文法的な問題点は、次のうちどれですか。
　　ａ　「この」の不適切な使用
　　ｂ　「たら」の不適切な使用
　　ｃ　「なる」の不適切な使用
　　ｄ　「のだ」の不適切な使用

2番　2人の留学生が、昼休みに教室で話しています。最初に話すのは女子学生です。

問1　この男子留学生の発話の特徴は、次のうちどれですか。

a　日本語とは異なるフィラーを使用している。

b　日本語とは異なるオノマトペを使用している。

c　日本語とは異なる聞き返しを使用している。

d　日本語とは異なる相づちを使用している。

問2　この女子留学生の発話の特徴は、次のうちどれですか。

a　同意を求める終助詞を多用している。

b　上昇イントネーションを多用している。

c　格助詞を使用していない。

d　婉曲的な表現を使用していない。

3番　市役所の窓口で、市役所の職員と外国人住民が話しています。最初に話すのは外国人住民です。

問1　この外国人住民が**使わなかった**コミュニケーションストラテジーは、次のうちどれですか。

a　理解できなかった語を繰り返す。

b　相手に再度発話するよう求める。

c　自分の理解が正しいかを確認する。

d　理解できていないということを伝える。

問2　この職員が話を分かりやすくするために工夫した点は、次のうちどれですか。

a　丁寧体を普通体に言い換えた。

b　二重否定文を肯定文に言い換えた。

c　漢語を和語に言い換えた。

d　外来語を和語に言い換えた。

問題5

　これから、日本語学習者向けの聴解教材などを聞きます。それぞれについて、問い
が複数あります。それぞれの問いの答えとして最も適当なものを、問題冊子の選択肢
ａ、ｂ、ｃ、ｄの中から一つ選んでください。**（この問題には例がありません。）**

1番

```
聴解問題(1)

　（音声のみの聞き取り問題です。）
```

　問1　この聴解素材で女の人が多用している表現は、次のうちどれですか。

　　　ａ　受身表現

　　　ｂ　伝聞表現

　　　ｃ　条件表現

　　　ｄ　程度表現

　問2　この聴解教材の問題点は、次のうちどれですか。

　　　ａ　会話の前半だけ聞けば正答が特定できること

　　　ｂ　応答表現さえ分かれば正答が特定できること

　　　ｃ　会話を最後まで聞いても正答が特定できないこと

　　　ｄ　日本事情が分からないと正答が特定できないこと

2番

聴解問題(2)

（音声のみの聞き取り問題です。）

問1　この聴解素材の特徴は、次のうちどれですか。

a　話の前半と後半で同じ内容が繰り返されている。

b　特定のスポーツの専門用語が多用されている。

c　フィラーや言いさし表現が用いられていない。

d　話の内容が時系列に沿って構成されていない。

問2　この聴解問題の正答を特定するために必要な語は、次のうちどれですか。

a　背水の陣

b　引っ繰り返す

c　はまる

d　リード

3番

聴解問題(3)

	1	2	3	4
素材	ウレタン	ウレタン	スエード	レザー
ソール	硬め	柔らかめ	柔らかめ	硬め
特徴	耐久性	撥水性	耐久性	耐久性

問1　この聴解素材の特徴は、次のうちどれですか。

a　美化語の多用

b　派生語の多用

c　縮約形の多用

d　言い換えの多用

問2　この聴解問題で測ろうとしている技能は、次のうちどれですか。

a　情報を取捨選択する技能

b　具体的な説明を抽象化する技能

c　店員の発話意図を推測する技能

d　出来事の前後関係を理解する技能

14

このページには問題が印刷されていません。

問題 6 は次のページにあります。

問題 6

　これから、学習者が短い文を言います。その中に含まれる誤りの説明として最も
適当なものを、問題冊子の選択肢 a、b、c、d の中から一つ選んでください。

例

　　a　副詞と動詞の混同

　　b　名詞と動詞の混同

　　c　イ形容詞と動詞の混同

　　d　ナ形容詞と動詞の混同

1番

　　a　転音している

　　b　音位転換している

　　c　連濁していない

　　d　連声していない

2番

　　a　助詞の誤り

　　b　副詞の誤り

　　c　形容詞の誤り

　　d　動詞の誤り

3番

　　a　可能形の誤り

　　b　受身形の誤り

　　c　派生語の誤り

　　d　接続助詞の誤り

16

4番

    a   副詞の誤り

    b   指示表現の誤り

    c   ヴォイスの誤り

    d   アスペクトの誤り

5番

    a   原因・理由の表現の誤り

    b   禁止の表現の誤り

    c   動詞の活用の誤り

    d   形容詞の活用の誤り

6番

    a   条件表現の誤り

    b   接尾辞の誤り

    c   動詞の誤り

    d   接続助詞の誤り

7番

    a   名詞修飾の誤り

    b   目的表現の誤り

    c   可能表現の誤り

    d   動詞の活用の誤り

8番

    a   授受を表す本動詞の誤り

    b   授受を表す補助動詞の誤り

    c   謙譲を表す本動詞の誤り

    d   謙譲を表す補助動詞の誤り

このページには問題が印刷されていません。

このページには問題が印刷されていません。

19

令和5年度日本語教育能力検定試験

試験Ⅲ　問題冊子

120分

[注意事項]

1　試験開始の合図があるまで、この問題冊子の中を見てはいけません。

2　この問題冊子は47ページまであります。

3　試験中に、問題冊子の印刷不鮮明、ページの落丁・乱丁および解答用紙の汚れ等に気づいた場合は、手を挙げて監督者に知らせてください。

4　監督者の指示に従って、解答用紙（マークシートと記述解答用紙）の所定の欄に、氏名および受験番号を正しく記入してください。受験番号は、数字欄に数字を記入し、その下のマーク欄にも必ずマークしてください。正しくマークされていないと、採点できないことがあります。

5　問題1〜16の解答はマークシートの解答欄にマークしてください。

例えば、問題1の問1に「2」と解答する場合、次の（例）のように問題1の問1の解答欄の②をマークしてください。

（例）

問題番号		解　答　欄
問題1	問1	① ● ③ ④
	問2	① ② ③ ④

問題17の解答は記述解答用紙に記入してください。

問題冊子に記入しても採点されません。

6　解答用紙の［注意事項］もよく読んでください。

7　この試験Ⅲの問題冊子は、必ず持ち帰ってください。ただし、この冊子の複写・複製、引用等は固く禁じます。

このページには問題が印刷されていません。

問題1は次のページにあります。

問題1 次の文章を読み、下の問い（問1〜5）に答えよ。

　日本語の発音において、音の高さは重要な要素である。日本語では音の高さに関係する音声的な特徴に<u>アクセント</u>とイントネーションがある。このうち、イントネーションは、
A
文のどこに<u>フォーカス</u>が置かれているかを知る手掛かりになる。また、どのような意図で
B
話したかを知る手掛かりにもなる。例えば、文末の上昇イントネーションについても、文末を連続的に上昇させるタイプと、<u>文末を直前の拍より一段高く平らに言うタイプ</u>との違
C
いにより、様々な意図を示すことが知られている。

　<u>イントネーションを学習者に説明したり練習させたりするときには、視覚化するとより
D
分かりやすい</u>。また、教師の発話も重要である。例えば、<u>教師が、文節末を上昇させて発
E
話することで不自然なイントネーションになる場合</u>がある。学習者がこのようなイントネーションをまねすることがないよう、教師は自分の発話に注意する必要がある。

問1　文章中の下線部A「アクセント」に関する記述として最も適当なものを、次の1〜4の中から一つ選べ。

1　東京方言において、アクセントは個々の語について決まっている。

2　東京方言の名詞のアクセントの型は、その名詞の拍数と同じ数だけ存在する。

3　日本語のアクセントは、語中の音の強弱の配置が決まっている。

4　日本語のアクセントは声調と言い、音節内部のピッチ変動にパターンがある。

問2　文章中の下線部B「フォーカス」に関する記述として最も適当なものを、次の1〜4の中から一つ選べ。

1　「ちょっとお聞きしますが。」という質問の前置き表現にはフォーカスが置かれる。

2　「いつ来ますか？」という疑問詞疑問文では「いつ」にフォーカスが置かれる。

3　「オランダですか？」という聞き返しの文は「オランダ」にアクセント核がないため、フォーカスが置かれない。

4　「山には行きませんでしたが、海には行きました。」という対比の文はフォーカスが置かれない。

問3　文章中の下線部C「文末を直前の拍より一段高く平らに言うタイプ」の例として最も
　　　適当なものを、次の1～4の中から一つ選べ。

　　　1　相手を誘うときの「そろそろ帰らない」

　　　2　「はい・いいえ」の答えを求めるときの「(雨) やんだ」

　　　3　相手への反発の気持ちを込めたときの「(私は) 分かってる」

　　　4　疑う気持ちで、完全には納得や同意をしていないときの「そう」

問4　文章中の下線部Dの例として最も適当なものを、次の1～4の中から一つ選べ。

　　　1　発音するときに、口の前にティッシュペーパーを垂らして、そのゆれを見せる。

　　　2　発音しながら1拍ごとに、1歩ずつ歩いたり足踏みしたりするのを見せる。

　　　3　学習者と向き合い、自分の右から左へ手を動かし、高さを示しながら発音する。

　　　4　音響分析ソフトで、第1・第2フォルマントの位置を示しながら発音を聞かせる。

問5　文章中の下線部Eの例として**不適当な**ものを、次の1～4の中から一つ選べ。

　　　1　助詞の部分をはっきり発音しようとする場合

　　　2　活用している部分をはっきり発音しようとする場合

　　　3　意味の切れ目をはっきり示そうとする場合

　　　4　有声音と無声音の区別をはっきり示そうとする場合

問題2 次の文章を読み、下の問い（問1〜5）に答えよ。

　日本語の可能形の作り方は、動詞の活用のグループによって異なる。一段活用（Ⅱグループ）の動詞の場合、活用語尾の「-る」を「-られる」に変えて作る。五段活用（Ⅰグループ）の動詞の場合、活用語尾の「　(ア)　」を「　(イ)　」に変えて作る。変格活用（Ⅲグループ）の動詞の場合、「来る」は「来られる」、「する」は「できる」となる。可能形は、
　　　A
以上のいずれかの形態をとりながら広く使われている。

　意味の面に注目すると、日本語の共通語では、能力可能と状況可能とを形態上の区別な
　　　　　　　　　　　　　　　　　　　　　　　　B
く表す。諸言語や日本語の方言の中には、両者を表し分ける形式を持つものもあるので、指導において注意が必要である。

　また、日本語では「車が故障して動かすことができない。」と似た意味で「車が故障して動かない。」と言うなど、自動詞文が可能の意味合いを持つ場合があり、学習者にとっ
　　　　　　　　　　　　　C
て習得が難しい。その他、可能の意味を含む隣接表現についても理解しておく必要がある。
　　　　　　　　　　　D

問1 文章中の　(ア)　と　(イ)　に入れるのに最も適当な組合せを、次の1〜4の中から一つ選べ。

	(ア)	(イ)
1	-う	-eる
2	-う	-れる
3	-u	-eる
4	-u	-れる

問2 文章中の下線部Aに関して、可能形の形態や使い方に関する記述として最も適当なものを、次の1〜4の中から一つ選べ。

1　可能形の目的語には、ガ格は使えるがヲ格は使えない。
2　可能形はテイル形にすることができない。
3　可能形の動作の主体は、ヲ格またはニ格で表す。
4　可能形を作ることができるのは意志的行為を表す動詞である。

問3　文章中の下線部Bに関して、能力可能と状況可能との形態的な区別がないことを学習者に示すのに最も適当な例文の組合せを、次の1〜4の中から一つ選べ。

	能力可能の例文	状況可能の例文
1	この電車に乗れば空港に行けます。	券を持っていたので中に入れました。
2	私はギターが弾けます。	日本では20歳になったらお酒が飲めます。
3	英語は分かりません。	鍵をなくして開けられません。
4	犬は木に登れません。	難しい曲は弾けません。

問4　文章中の下線部C「自動詞文が可能の意味合いを持つ場合」の例として**不適当なもの**を、次の1〜4の中から一つ選べ。

1　この地域はあまり雪が降らない。

2　この瓶は蓋が固くて開かない。

3　この汚れは簡単には落ちない。

4　この故障はすぐには直らない。

問5　文章中の下線部D「可能の意味を含む隣接表現」に関する記述として最も適当なものを、次の1〜4の中から一つ選べ。

1　「〜がたい」は、能力的にできないことを表し、無意志動詞にも付く。

2　「〜得ない」は、起こる可能性がないことを表し、無意志動詞にも付く。

3　「〜かねる」は、許可が得られないことを表し、無意志動詞には付かない。

4　「〜にくい」は、するのが困難であることを表し、無意志動詞には付かない。

問題3 次の文章を読み、下の問い（問1～5）に答えよ。

　「話し手／聞き手／それ以外」を区分する文法的概念を人称と言い、それぞれ「一人称／二人称／三人称」と呼ばれる。多くの言語が一人称代名詞を1種ないしごく少数しか持たないのに対し、「わたし／ぼく／おれ」などのように<u>日本語の一人称代名詞は多様である</u>_Aとされる。日本語の人称代名詞は明示されないことも多いが、<u>人称代名詞を省略すること</u><u>ができない場合</u>_Bもあるので注意が必要である。

　人称は、一部の語彙的・文法的意味や待遇表現と密接な関わりを持つ。例えば、<u>主観的</u><u>な概念を表す述部が非過去形の場合、主語は原則として一人称となる</u>_C。また、敬語との関連では、尊大表現など特殊な場合を除き、尊敬語の主語には　(ア)　は現れないが、　(イ)　は現れる。さらに、<u>人称は「コ・ソ・ア」を含む指示表現と一定の対応関係を持っている</u>_Dことにも注意が必要である。

問1 文章中の下線部Aに関して、一人称代名詞の用法を持つ現代日本語の名詞として最も適当なものを、次の1～4の中から一つ選べ。
1　自己
2　自身
3　自分
4　自ら

問2 文章中の下線部B「人称代名詞を省略することができない場合」はどれか。最も適当なものを、次の1～4の中から一つ選べ。
1　指示対象が目上の人の場合
2　指示対象が焦点となっている場合
3　指示対象に直接行為を要求する場合
4　指示対象に繰り返し言及する場合

問3　文章中の下線部Cに関して、主語の人称が一人称に限定されている述部の例として最も適当なものを、次の1～4の中から一つ選べ。

1　私は毎日の努力が大切だと考えている。

2　私は毎朝テニスを楽しんでいる。

3　私は多分卒業旅行に行かないと思う。

4　私は人付き合いが上手なあの人とは違う。

問4　文章中の　(ア)　と　(イ)　に入れるのに最も適当な組合せを、次の1～4の中から一つ選べ。

	(ア)	(イ)
1	一人称	二人称と三人称
2	二人称	一人称と三人称
3	一人称と二人称	三人称
4	一人称と三人称	二人称

問5　文章中の下線部Dに関して、人称と指示表現の関係に関する記述として最も適当なものを、次の1～4の中から一つ選べ。

1　話し手が身の回りにある対象を指示する場合は、ア系を使用する。

2　話し手が発話を行っている現在の時を指示する場合は、ア系が使える。

3　話し手が対話の相手と共有する記憶を指示する場合は、ソ系を使用する。

4　話し手が対話の相手の発話に出てきた事物を指示する場合は、ソ系が使える。

問題4 次の文章を読み、下の問い（問1～5）に答えよ。

　日本語の「のだ」は、「んだ／のです／の」等、様々な形を持っており、疑問文では「のか？／んですか？／の？」となる。「のだ」は、動詞・イ形容詞・ナ形容詞・「名詞＋だ」という四つの述語の　(ア)　に接続するが、　(イ)　の「だ」は「な」に変えて接続する。これは、「のだ」の「の」の働きと関わっている。
A

　「のだ」は、機能により二つに分けられる。一つ目は、文が表す事態に対する話し手の判断や聞き手への態度を表す「のだ」である。「のだ」の推量の形式「のだろう」は、証拠に基づく推測を表し、「だろう」に言い換えることはできない。二つ目は、否定文や疑
B
問文の焦点を変える「のだ」である。「私は絶対に学校に行かない。」という文と「私は
C
行きたくて学校に行くのではない。」という文の否定の焦点は異なる。このほかにも、指導に際して「のだ」の使い方の様々な特徴を知っておくとよい。
D

問1　文章中の　(ア)　と　(イ)　に入れるのに最も適当な組合せを、次の1～4の中から一つ選べ。

	(ア)	(イ)
1	普通形	「名詞＋だ」
2	普通形	ナ形容詞・「名詞＋だ」
3	丁寧形	「名詞＋だ」
4	丁寧形	ナ形容詞・「名詞＋だ」

問2　文章中の下線部A「「の」の働き」として最も適当なものを、次の1～4の中から一つ選べ。

1　文法化
2　名詞化
3　主題化
4　述語化

問3 文章中の下線部Bに関して、「のだろう」が適切で「だろう」が**不適切**な場面の例として最も適当なものを、次の1〜4の中から一つ選べ。

1 友人の性格を根拠に、今、友人が海外で元気に暮らしていると推測する。

2 今日も暑くなると聞いて、アイスクリームの販売量が伸びると推測する。

3 駅に入りきれないほど人がいるのを見て、事故があったことを推測する。

4 新聞記事を読んで、30年後、自動運転が広く普及していることを推測する。

問4 文章中の下線部Cで示されている二つの文の「否定の焦点」はどれか。最も適当な組合せを、次の1〜4の中から一つ選べ。

	「私は絶対に学校に行かない。」の否定の焦点	「私は行きたくて学校に行くのではない。」の否定の焦点
1	絶対に	行く
2	絶対に	行きたくて
3	行く	学校に
4	行く	行きたくて

問5 文章中の下線部D「「のだ」の使い方の様々な特徴」に関する記述として**不適当な**ものを、次の1〜4の中から一つ選べ。

1 「どうして」「なぜ」など理由を問う疑問文では、「のだ」を使わないのが自然である。

2 答えを知っている教師が学習者に発する疑問文では、「のだ」を使わないのが自然である。

3 「のだ」は、使うべきところで使わないと文が不自然になるが、情報の伝達には支障がないことが多い。

4 「のだ」は、使うべきでないところで使うと、不自然かつ無礼な印象を与えることがある。

問題5　次の文章を読み、下の問い（問1～5）に答えよ。

　X先生が、同僚のベテラン教師Y先生に相談をしている。

X先生：来学期、初級後半レベルの<u>語彙の授業</u>を担当することになったんです。Y先生も
　　　　　　　　　　　　　　A
　　　　以前担当されていましたよね。どんなことをしていましたか？

Y先生：うーん。<u>語彙マップ</u>を作る活動をしたり、習った語を使って短い文章を書く練習
　　　　　　　　B
　　　　をしたりしましたね。それから<u>多読</u>も、読書を楽しみながら語彙が身に付けられ
　　　　　　　　　　　　　　　　　　C
　　　　ますよ。

X先生：あ、そうですね。語彙の学習方法って、単語カードを使って覚えるだけじゃな
　　　　いってことも学生たちに知ってもらいたいです。

Y先生：そうですね。<u>カードの表裏に単語とその対訳を書いた単語カードを使う利点</u>も、
　　　　　　　　　　D
　　　　もちろんありますけどね。授業を通していろいろな学習ストラテジーを身に付け
　　　　てくれるといいですね。

X先生：いろいろ教えてくださり、どうもありがとうございます。授業では<u>小テスト</u>もし
　　　　　　　　　　　　　　　　　　　　　　　　　　　　　　　　　　　E
　　　　ようと考えているので、作ったら見ていただけますか？

Y先生：ええ、もちろん。

問1　文章中の下線部A「語彙の授業」で新出語を導入する際の留意点として最も適当な
　　　ものを、次の1～4の中から一つ選べ。

　　　1　絵や写真などの視覚情報を与えることは避ける。

　　　2　その語に関わる全ての知識を一度に教えることは避ける。

　　　3　語の意味を推測させることは避け、意味を明示的に教える。

　　　4　例文を提示することは避け、訳語やジェスチャーを使う。

問2　文章中の下線部B「語彙マップ」に関する記述として**不適当なもの**を、次の1～4の中から一つ選べ。

1　語彙マップを作ると、母語で既に獲得している背景知識や概念に頼らずに、語彙を増やすことができる。

2　語彙マップを作ると、機械的な暗記に頼らずに、新出語と既習語を関連付けた学習ができる。

3　語彙マップの作成を産出活動の前作業として行うと、その後の産出活動で必要な語が確認できる。

4　作成した語彙マップをほかの人と見せ合うと、知らなかった語や忘れかけていた語に触れることができる。

問3　文章中の下線部C「多読」の活動を行う際の教師の留意点として最も適当なものを、次の1～4の中から一つ選べ。

1　学習者の語彙を増やすため、本に出てきた知らない語を調べることを徹底させる。

2　学習者が好きな本を選べるように、十分な数や種類の読み物を準備しておく。

3　学習者が本の内容をどの程度理解したかを確かめるため、読解テストを行う。

4　学習者にとってレベルが合わない本でも、諦めずに最後まで読み通すように励ます。

問4　文章中の下線部D「カードの表裏に単語とその対訳を書いた単語カードを使う利点」として最も適当なものを、次の1～4の中から一つ選べ。

1　他の学習者と同じペースで学習しやすい。

2　文脈と切り離すことで長期記憶に残りやすい。

3　よく使われる語を選んで効率的に学べる。

4　語の様々な用法への深い理解が得られる。

問5　文章中の下線部Ｅ「小テスト」に関して、Ｘ先生が後日、次のような小テストを作成した。この小テストの設問の意図として最も適当なものを、下の１〜４の中から一つ選べ。

次の①〜③の（　）に入れるものとして最も適当なものを、
(ア)〜(カ)の中から一つずつ選びなさい。

(ア) 痛む	(イ) すべる	(ウ) 鳴る
(エ) 話す	(オ) 回る	(カ) 見る

例：道がつるつる（　**イ**　）。

① 変わった服を着ている人をじろじろ（　　　）。

② 頭がずきずき（　　　）。

③ 日本語をぺらぺら（　　　）。

１　語の正しい表記についての知識を確認する。

２　類義語の使い方についての知識を確認する。

３　他の語との共起関係についての知識を確認する。

４　語の比喩的な使い方についての知識を確認する。

このページには問題が印刷されていません。

問題6は次のページにあります。

問題6　次の文章と資料を読み、後の問い（問1〜5）に答えよ。＜資料＞はX先生の
授業内容のメモである。

　X先生が、ベテランのY先生に相談している。

X先生：Y先生、<u>行動中心アプローチ</u>に基づいた授業について、ちょっとご相談してもいい
　　　　　　　A
　　　　ですか？

Y先生：どうしたんですか？

X先生：学習者のコミュニケーション能力が伸びるように、CEFRを参考に、いろいろ工
　　　　夫して授業をしているんですが、ちょっと自信がなくて。

Y先生：どんな工夫をしているんですか？

X先生：はい、読解や聴解は<u>真正性</u>のある素材を使うようにしています。
　　　　　　　　　　　　　B

Y先生：そうですか。いいですね。

X先生：でも、うまくいかなくて。メモを持ってきたので、見てもらえませんか？

＜資料＞　X先生の授業内容のメモ

対　　象　　者	中国人学習者12名
授　業　目　標	中国の観光地について話すことができる。（CEFR B1レベル）
授　業　の　流　れ	1．授業目標を確認する。 2．語彙を確認する。（<u>日中同形語</u>に注意する。） 　　　　　　　　　　　　　C 3．モデル会話を聞いて、内容を確認する。 4．<u>帰納的アプローチ</u>を用いて、文型の意味や使い方を理解する。 　　D 5．話す内容についてあらかじめ考えたうえで、メモを基にペアで会話練習をする。（撮影する。） 6．撮影した動画を使って、自己評価と教師評価を行う。

Y先生：うーん、もう少し<u>社会と接点を持てる</u>ような具体的な課題を取り入れて、目標を
　　　　　　　　　　　　　E
　　　　見直すといいと思いますよ。

X先生：そうですね。ありがとうございます。

問1　文章中の下線部A「行動中心アプローチ」に関する記述として最も適当なものを、次の1～4の中から一つ選べ。

　1　教師からの指示に対して即座に答えられるようになることが大切だと考え、応答練習を繰り返す。

　2　学習する文型が現実場面でどのように使われているかを考え、その場面を使って会話練習を行う。

　3　学習者がどのような場面で日本語を使用するかを考え、そこで必要となる文型や語彙を提供する。

　4　聞くことと話すことが大切だと考え、作文や読解の練習は会話能力が向上してから行う。

問2　文章中の下線部B「真正性」の高い教室活動として最も適当なものを、次の1～4の中から一つ選べ。

　1　メールを書く活動を手書きで行って、漢字を書く力を付ける。

　2　ドラマの会話を書き起こして、話し言葉の表現を学習する。

　3　モデル会話を覚えて、職場で休暇の許可を得るロールプレイをする。

　4　テレビのニュース番組を見て、映像を手掛かりに内容を理解する。

問3　＜資料＞の下線部C「日中同形語」が原因で生じる誤りの例として最も適当なものを、次の1～4の中から一つ選べ。

　1　「退学」の発音を「だいがく」と聞き取ってしまう。

　2　「質問がある」と言うところを「問題がある」と言ってしまう。

　3　「一人」の読み方を「いちにん」と読んでしまう。

　4　「効」という字を「効」と書いてしまう。

問4 ＜資料＞の下線部D「帰納的アプローチ」を用いた授業の長所として最も適当なものを、次の1〜4の中から一つ選べ。

1　学習者自身が文法規則を発見するプロセスを経験するため、文法が定着しやすい。

2　学習者自身が分析的に文法を理解できるので、モチベーションが高められる。

3　教師が授業で文法説明にかける時間が短く済むため、運用練習に時間を使える。

4　教師が授業前に用意するのは文法の説明方法だけなので、授業準備の負担が少ない。

問5 文章中の下線部E「社会と接点を持てるような具体的な課題」を取り入れた目標設定として**不適当なもの**を、次の1〜4の中から一つ選べ。

1　中国のお勧めの観光地について、国際交流団体の冊子に紹介文を書くことができる。

2　中国の有名な観光地について、新聞記事を探して要約文を書くことができる。

3　中国の観光地における問題について、大学の旅行サークルのSNSで発信することができる。

4　中国の観光地の注意点について、初めて中国旅行を予定している友人に話すことができる。

このページには問題が印刷されていません。

問題 7 は次のページにあります。

問題7　国内の大学の中上級レベルのクラスにおいて、インタビュー活動を取り入れた授業を実施した。次の資料を読み、後の問い（問1～5）に答えよ。<資料>は授業の概要である。

<資料>　授業の概要

学　　習　　者	中上級レベルの留学生12名		
授　業　時　間	90分×4コマ		
目　　　　　　的	<u>日本人学生へのインタビュー</u>を通し、日本における就職活動の概要と、 A それに対する学生の意識を知る。		
授 業 の 構 成	第1回	①日本の就職活動について、知っていることを学習者同士で話す。 ②4グループに分かれ、就職情報サイトを見て情報を得る。 ③インタビュー活動の目的と実施方法についての説明を聞く。 ④グループで日本人学生に質問したい内容を考える。	
	第2回	①<u>インタビューの際の留意点</u>を学ぶ。 B ②<u>アポイントメント</u>の取り方（口頭・メール）を学ぶ。 C ③インタビューの練習をする。 【宿題】各自、日本人学生にインタビューを実施する。	
	第3回	①それぞれが行ったインタビューの結果を持ち寄り、グループで結果をまとめる。 ②発表の構成を考え、発表原稿と<u>配付資料を作成する。</u> D	
	第4回	①インタビューの結果をグループごとに発表し、質疑応答を行う。 ②自分たちの活動や発表について内省し、<u>振り返りシート</u>に記入する。 E	

問1 ＜資料＞の下線部Ａ「日本人学生へのインタビュー」のように、教師以外の母語話者と接触する活動の利点として最も適当なものを、次の１〜４の中から一つ選べ。

1　母語話者が学習者のレベルに合わせて日本語を調整し、やり取りをしてくれるため、日本語が身に付きやすい。

2　母語話者が話したいことと学習者が聞きたいことが一致しやすいため、学習者にとって意義のある情報が得られる。

3　学習者が持っている日本語に関する疑問を母語話者に質問し、文法構造や使用上のルールなどの解説を受けることができる。

4　学習者が母語話者の多様な背景や日本語使用に触れることで、社会文化能力を強化することができる。

問2 ＜資料＞の下線部Ｂ「インタビューの際の留意点」として最も適当なものを、次の１〜４の中から一つ選べ。

1　最初にオープン・クエスチョンで考えを聞き、その答えを基にクローズド・クエスチョンで詳しく聞く。

2　インタビュー相手が同年代の友人でもくだけた話し方はせず、緊張感を保つ。

3　インタビューがスムーズな流れになるよう、質問の配列をよく検討しておく。

4　相手の回答が質問から外れた場合も、テーマに引き戻さず自由に話させる。

問3 ＜資料＞の下線部Ｃ「アポイントメント」を取るメールで、相手への配慮の観点から問題となる語用論的な誤りの例として最も適当なものを、次の１〜４の中から一つ選べ。

1　インタビューを答えてくださったら、とてもありがたいです。

2　就職活動に対するインタビューをお願いいたします。

3　ぜひ、インタビューをやらさせていただけませんか。

4　ご都合の良い日を○○さんが決めてもいいです。

問4 ＜資料＞の下線部Ｄ「配付資料を作成する」際の留意点として最も適当なものを、次の１～４の中から一つ選べ。

1　パソコンで作成する際は、章ごとにフォントを変えるなど、フォントの種類を多くして分かりやすくする。

2　数値データは読み手の認知的な負担が大きいため、グラフを使用して視覚的に分かりやすくする。

3　使用する用語にバリエーションがある場合、配付資料と発表で用語を別々にして複数の用語を使う。

4　聞き手が理解しやすいように、発表では結論を最後に説明するが、配付資料では冒頭に記載する。

問5 ＜資料＞の下線部Ｅ「振り返りシート」を用いた学習者参加型評価の利点として最も適当なものを、次の１～４の中から一つ選べ。

1　学習者のインタビュー活動の数値的評価が容易にでき、教師は評価の目的である学習者の序列化がしやすくなる。

2　学習者は自分自身の活動を振り返るので、自己評価の経験がなくてもすぐに対応できるようになる。

3　学習者が自らインタビュー活動の自己評価をするため、教師は学習者の人数が多くても短時間で評価できる。

4　学習者はどのようにインタビュー活動に関わったのかを振り返ることで、自身の変化に気づき学びを促進できる。

このページには問題が印刷されていません。

問題 8 は次のページにあります。

問題8 国内の大学の学部留学生を対象に行った、レポート作成の授業に関する次の
資料を読み、後の問い（問1〜5）に答えよ。＜資料＞は授業の概要である。

＜資料＞ 授業の概要

対象（レベル）：学部留学生1〜3年生（上級）

時間数：100分×14回

内容：関心のあるテーマについて調査活動を行い、その結果をレポートにまとめる。

目的：大学生活に必要なアカデミック・ライティングのスキルを身に付ける。

（活動の流れ）

第1回	事前指導	・レポートの構成や書くプロセスを理解する。 ・書く目的と読み手について考える。

第2回
〜
第5回
	調査の準備	・テーマ案の設定
		・テーマに関する資料や文献の収集
		  A
		・テーマの決定
		・リサーチ・クエスチョンと主張の設定
		  B
		・研究計画の作成
		・インタビュー調査／アンケート調査の質問紙の作成
		・被調査者への依頼文の作成

第6回 〜 第9回	調査活動 個別指導 結果分析	・データの収集 ・結果の集計と分析

第10回
〜
第13回
	書く活動	・アウトラインの検討をピア・レスポンスで行う。
		  C
		・パラグラフ・ライティングの練習
		・レポート本文の作成、ピアで推敲
		  D
		・表現と形式の点検
		・レポートのタイトルの確認
		  E

第14回	事後活動	・レポート内容の発表準備 ・レポート内容の発表 ・自己評価シートへの記入

問1　＜資料＞の下線部A「テーマに関する資料や文献」に関する記述として最も適当なものを、次の1〜4の中から一つ選べ。

1　先行研究を複数見ることは、過去の研究と自分の研究の違いを明確にし、レポート作成の際の理論的裏付けに役立つ。

2　少人数を対象としたアンケート結果でも量的データは一般化して解釈できるため、実証的根拠となる。

3　インターネット上の情報は即時性に優れているが、アクセスした日によって情報が変わるため使用しない。

4　資料の種類や内容に一貫性を保つため、検索は一つの検索ツールを用い、複数の検索方法は使用しない。

問2　＜資料＞の下線部B「リサーチ・クエスチョン」に関して、ある学習者が「なぜ若者は政治参加に消極的なのか」という問いを立てた。この問いについて教師が与えるアドバイスとして**不適当なもの**を、次の1〜4の中から一つ選べ。

1　「若者は政治参加に消極的である」が前提となった問いであるため、前提を含まない問いにするとよい。

2　「なぜ」で問う質問は答えが導き出せないため、二者択一など答えが導き出せる問いを立てるとよい。

3　「政治参加」がどのような事柄を指しているか曖昧であるため、選挙への参加率等、事柄を明確にするとよい。

4　「若者」が示す対象範囲が広いため、「日本の大学生」等、与えられた時間内に調査できる対象に絞るとよい。

問3 ＜資料＞の下線部Cの際の指導上の留意点として最も適当なものを、次の1～4の中から一つ選べ。

　　1　書き手側に、文章の内容について詳しく説明することは避けるよう指導する。

　　2　書き手側に、今抱えている問題点や意見が欲しい部分を示すよう指導する。

　　3　読み手側に、文章構造に関する具体的な改善案の提案は避けるよう指導する。

　　4　読み手側に、自分の感想や意見ではなく一般的な見解を述べるよう指導する。

問4 ＜資料＞の下線部D「レポート本文の作成」に関して、文献を引用する際の留意点として最も適当なものを、次の1～4の中から一つ選べ。

　　1　誤字や脱字がある文を直接引用する場合は、誤字や脱字は直さず「（ママ）」と書いてそのまま引用するのがよい。

　　2　文献内で引用されている文章は信頼できるので、元の資料を調べることなく直接引用するのがよい。

　　3　同じようなことを繰り返して述べている文は重要なので、間接引用する場合も繰り返しを省略しないほうがよい。

　　4　間接引用する場合は、引用の後にその情報から何が言いたいか等、自分の解釈は示さないほうがよい。

問5 ＜資料＞の下線部E「レポートのタイトル」に関する記述として**不適当なもの**を、次の1～4の中から一つ選べ。

　　1　タイトルが長くなる場合は、主題と副題に分ける。

　　2　本文の内容が容易に想像できるよう、分かりやすい表現を選ぶ。

　　3　同じようなテーマのレポートと差別化するために、独自性を強調する。

　　4　多様な読み手の関心を引くために、専門用語を積極的に取り入れる。

このページには問題が印刷されていません。

問題９は次のページにあります。

問題9　次の文章を読み、下の問い（問1～5）に答えよ。

　近年、グローバル化により人や情報が国境を越えて移動している。法務省の<u>在留外国人</u>
A
統計からは、日本国内でも外国人住民の出身国・地域の多様化が進んでいることが分かる。そのため、日本語教師は多様な学習者に対する<u>心理的援助</u>の方法を把握しておく必要
B
がある。学習者を支援するうえでストレス理論は重要な概念であり、ストレスの低減には、ソーシャルサポートにおける道具的サポートと<u>情緒的サポート</u>に関する知識が有用で
C
ある。また、学習者との関係調整のために、現象学の概念である<u>エポケー</u>を用いることも
D
有効である。

　学習者の支援には、これらの知識を身に付けたうえで、<u>異文化間対人関係を構築する経</u>
E
験を十分に持つことが重要である。

問1　文章中の下線部A「在留外国人」に関して、2022年末現在における日本国内の在留外国人の状況として最も適当なものを、次の1～4の中から一つ選べ。

1　在留外国人数は国・地域別に見ると、中国が最も多く、韓国、ブラジルと続く。

2　在留外国人数は過去最高で、上位3か国・地域は過去3年間変化していない。

3　上位10か国・地域の在留外国人数は、2021年末時点と比べ減少している。

4　上位10か国・地域のうち、前年からの増加率が最も高いのは台湾である。

問2　文章中の下線部B「心理的援助」を日本語教師が行ううえで考慮すべきこととして最も適当なものを、次の1～4の中から一つ選べ。

1　日本語力が不十分な学習者の考えを理解するために、学習者が言おうとしていることを先回りして解釈する。

2　授業での教育に専念するために、学習者の相談を聞くことは精神科医やカウンセラーなどの専門家に委ねる。

3　授業の運営や改善に役立てるために、学習者から個人的に相談された内容や情報を教員間で広く共有する。

4　悩みを抱える学習者を必要に応じて専門家につなぐために、学習者の問題に関われる限界を把握する。

問3　文章中の下線部C「情緒的サポート」に関して、ストレスに苦しむ学習者への
サポートとして最も適当なものを、次の1〜4の中から一つ選べ。

1　学習者の言動に対し、励ますようなフィードバックや評価を行う。

2　学習者の問題解決に適した信頼できる人材を紹介する。

3　学習者に物的リソースに関する詳細な情報を与える。

4　学習者に経済的な援助を行うなど、直接、問題に介入する。

問4　文章中の下線部D「エポケー」の例として、次の　(ア)　に入れるのに最も適当な
ものを、下の1〜4の中から一つ選べ。

ソン：楽しみにしていたプリンを食べようと思ったら、冷蔵庫になかったん
　　　です。それで、ルームメートのリーさんに聞いたら「食べた。」って
　　　言うんです。本当に悲しかったです。

教師：　(ア)

1　それはひどいですね。確かに勝手に食べられたりしたら気分が良くないですよね。

2　リーさんには悲しかったと直接言ったほうがいいと思いますけど、どうですか。

3　そうそう、そういう非常識な人っていますよね。本当に困ってしまいますね。

4　楽しみにしていたプリンをリーさんに食べられて悲しかったということでしょうか。

問5　文章中の下線部E「異文化間対人関係を構築する」際の留意点として**不適当なもの**を、
次の1〜4の中から一つ選べ。

1　自文化の人との関係では経験できないプラスの面があることを理解する。

2　人は成長していく過程で自文化を取り入れていることを自覚する。

3　自文化よりも相手の文化の視点を重視し、相手の文化を取り入れる。

4　自文化と相手の文化との違いを自覚し、理解し合おうと努力する。

問題10　次の文章を読み、下の問い（問1～5）に答えよ。

　教師は第二言語学習における学習者の特性を考慮する必要がある。第二言語学習に影響を与える要因に、<u>学習ストラテジー</u>がある。また、学習スタイルも学習に影響を与える。
_A

物事の認知に関わる学習スタイルとして、1970年代から30年ほど盛んに研究されていたものに「<u>場独立型</u>」「場依存型」の区分がある。ほかに「<u>総合型</u>」「分析型」という分類もあ
_B　　　　　　　　　　　　　　　　　　　　　　_C

り、知覚に関しては、「視覚型」「聴覚型」「運動型」「触覚型」という分類がある。

　教師は学習者に対して、<u>学習スタイルを広げていくよう働きかける</u>機会を設けるとよ
_D

い。同時に、<u>学習ストラテジーを意識させること</u>も重要である。
_E

問1　文章中の下線部A「学習ストラテジー」の類型とその例の最も適当な組合せを、次の
1～4の中から一つ選べ。

	類型	例
1	認知ストラテジー	複数の例文から文法の活用形の規則を類推する。
2	メタ認知ストラテジー	イメージや音を結び付ける語呂合わせを考える。
3	社会的ストラテジー	分からない単語を近い意味の言葉で代用する。
4	情意ストラテジー	ネイティブの会話パートナーを探して勉強する。

問2　文章中の下線部B「場独立型」の学習者が得意とされることとして最も適当なものを、次の1～4の中から一つ選べ。

1　自分から積極的に話しかけること

2　文章や会話の概要を把握すること

3　口頭能力のパフォーマンステスト

4　活用規則などの文法の筆記テスト

問3　文章中の下線部C「総合型」の学習者が好む学習活動の例として最も適当なものを、次の1〜4の中から一つ選べ。

　　1　学習言語で書かれた文章の母語への翻訳

　　2　学習言語で書かれた詩や俳句の暗唱

　　3　短文の空欄を補充するプリント学習

　　4　複数の絵から物語を創作するタスク

問4　文章中の下線部Dの例として最も適当なものを、次の1〜4の中から一つ選べ。

　　1　視覚型の学習者に、劇に参加してせりふのある役を演じるよう働きかける。

　　2　聴覚型の学習者に、交流会で初対面の人たちと会話するよう働きかける。

　　3　運動型の学習者に、グループで街頭インタビューをするよう働きかける。

　　4　触覚型の学習者に、料理を作りながら道具の名前を覚えるよう働きかける。

問5　文章中の下線部E「学習ストラテジーを意識させること」が重要である理由として最も適当なものを、次の1〜4の中から一つ選べ。

　　1　注意や記憶などの認知資源の容量を拡張させる手段を獲得する必要があるため

　　2　自律的に学習に取り組み、多様な学習方法を選択できるようになる必要があるため

　　3　教師の働きかけによって他者と協働的に外国語を学ばせることは困難であるため

　　4　学んだ外国語の数が増えるにつれて、学習をモニターすることが困難になるため

問題11　次の文章を読み、下の問い（問1～5）に答えよ。

　言語処理は一定のプロセスをたどる。まず言語理解の際に、インプットによって単語を
　　　　　　　　　　　　　　　　　　　　　　　　　　　　　A
認識する。その後、メンタル・レキシコン（心的辞書）から文脈に合う単語の意味を同定
　　　　　　　　B
し、文法的な解析を経てメッセージを解読する。

　メンタル・レキシコンの項目は、ネットワーク構造となっていると考えられている。こ
　　　　　　　　　　　　　　　　　C
のネットワーク構造の存在を説明する際の根拠としてプライミング効果がある。
　　　　　　　　　　　　　　　　　　　　　　　　D

　第二言語を学んでいる場合は、第一言語と第二言語の二つのメンタル・レキシコンがあ
　　　　　　　　　　　　　　　　E
るとされている。単語を第二言語のメンタル・レキシコンから呼び出し、構文を組み立て
ていくというプロセスがスムーズに進められるような練習も必要である。

問1　文章中の下線部A「インプット」の説明として最も適当なものを、次の1～4の中
　　　から一つ選べ。

　　1　学習者がインターアクションを通じて気づいたことを示す反応

　　2　学習者が言語形式に目を向けて記憶に取り込んだデータ

　　3　学習者に対して向けられた音声や記述を含めた言語情報

　　4　学習者によって新たな情報が既知情報に統合されるプロセス

問2　文章中の下線部B「メンタル・レキシコン」に関する記述として最も適当なものを、
　　　次の1～4の中から一つ選べ。

　　1　内容は固定的ではなく、既にある情報の変更や新しい情報の蓄積がなされる。

　　2　意味に関する情報と言語形式に関する情報とが、区別されずに蓄積されている。

　　3　形態、意味、統語の情報が蓄積されており、音韻に関する情報は含まれない。

　　4　蓄積されている情報は概略的であり、一般的な辞書のように細かいものではない。

問3　文章中の下線部C「ネットワーク構造」に関する記述として**不適当なもの**を、次の
　　　1～4の中から一つ選べ。

　　　1　「ピンポン」と「卓球」のように、同じ意味を持つ単語同士が結び付いている。

　　　2　「ペン」と「鉛筆」のように、お互いに関連する単語同士が結び付いている。

　　　3　「朝」と「足」のように、五十音の順に基づいて単語同士が結び付いている。

　　　4　「好き」と「嫌い」のように、反対の意味を持つ単語同士が結び付いている。

問4　文章中の下線部D「プライミング効果」に関する記述として最も適当なものを、次の
　　　1～4の中から一つ選べ。

　　　1　関連のある語が先に与えられることで、その後の言語理解における処理が早くなる。

　　　2　先に提示された文章に含まれる個々の言語形式を分析することで、習得が進む。

　　　3　先に習得している母語の知識によって、新しく身に付ける言語の習得が進む。

　　　4　読んだ部分の先の内容を予測することによって、文章の内容が把握しやすくなる。

問5　文章中の下線部E「第一言語と第二言語の二つのメンタル・レキシコン」に関する
　　　記述として最も適当なものを、次の1～4の中から一つ選べ。

　　　1　どちらの言語の場合においても、概念よりも語彙のほうが多いと言われている。

　　　2　書字等の形式に関する知識は、二つの言語の間で共有されていると言われている。

　　　3　第二言語の場合、言語処理と言語学習は同時に起こらないと言われている。

　　　4　第二言語の場合、語彙と概念の結び付きの強さは習熟度によると言われている。

問題12 次の文章を読み、下の問い（問1〜5）に答えよ。

　日本語の文字種は多様で、その由来や時代による使われ方に違いが見られる。文字種の中でも、漢字は様々な語に用いられ、読み方も複雑である。仮名については「現代仮名遣い」や「送り仮名の付け方」の基準が公表されている。
　　　　　　　　　　　　　　A　　　　　　　　　　　　　　　　　　　　B

　文章には、書き言葉としての特徴があり、文化的背景が反映される。例えば、手紙には会話と異なる表現が見られる。また、意味範囲が限定的で比喩的な使われ方をする定型表現もある。作文を指導する際は、指示詞の用法にも留意する必要がある。
　　　　　　　　　　　　　　　　　　　　　　　　　　　　　E

問1　文章中の下線部Aに関する記述として最も適当なものを、次の1〜4の中から一つ選べ。

1　漢字の字音は、和語と漢語に用いられ、外来語には用いられない。

2　漢字の字音は、中国由来の漢語に用いられるが、和製漢語には用いられない。

3　漢字の字訓は、一つの漢字に複数の読みが当てられるものがある。

4　漢字の字訓は、漢字の意味を表し、一つの和語に一つの漢字が当てられる。

問2　文章中の下線部B「「現代仮名遣い」や「送り仮名の付け方」」に関する記述として最も適当なものを、次の1〜4の中から一つ選べ。

1　「現代仮名遣い」では、表記の特例の中に歴史的仮名遣いの痕跡が残されている。

2　「現代仮名遣い」は、科学技術分野の語彙の表記を整えるために定められた。

3　「送り仮名の付け方」は、語の表記にゆれが生じないように統一されている。

4　「送り仮名の付け方」は、公用文が横書きになった際の正書法として公表された。

問3　文章中の下線部Cの例として最も適当なものを、次の1〜4の中から一つ選べ。

1　接頭辞によって改まった表現にする。

2　係り結びによって表現の調子を整える。

3　卓立によって気持ちを伝える。

4　頭語によって丁寧さを示す。

問4　文章中の下線部D「意味範囲が限定的で比喩的な使われ方をする定型表現」の例と
して最も適当なものを、次の1～4の中から一つ選べ。

1　合格電報の「サクラサク」

2　暑中見舞いの「ご自愛ください」

3　ビジネス文書の「何卒お願い申し上げます」

4　年賀状の「あけましておめでとうございます」

問5　文章中の下線部E「指示詞の用法」に関して、「前方照応」の用法における誤用例は
どれか。最も適当なものを、次の1～4の中から一つ選べ。

1　私は昨年、子どもが生まれた。そこ1年でいろいろな経験をした。

2　祖父は私にそのように言った。勉強すれば、将来豊かな生活ができる。

3　私は日本文化にこれほど詳しくない。しかし、友人は何でも知っている。

4　先月、若手のオペラ歌手が公演した。あの歌手は私の国でも人気がある。

問題13　次の文章を読み、下の問い（問1～5）に答えよ。

　　会話教育を行うためには、会話の特徴を知っておくのがよい。会話の種類は、大きく分けて<u>交渉会話</u>と交流会話がある。交流会話である<u>雑談</u>においては、<u>心的距離を近づけるための質問の方法</u>がある。
　　　　　　　　A　　　　　　　　　　　　　B

　　また、話し手と聞き手による<u>共同発話</u>のように、会話に特有の現象も多くある。このほか、<u>話題の終了を示唆する行動</u>もある。
　　　　　　　　　　　　　C　　　　　　　　　　　D

　　学習者の口頭表現能力を評価する方法には、OPI（Oral Proficiency Interview）があり、<u>OPIの原理や手法を用いた会話教育</u>も行われている。
E

問1　文章中の下線部A「交渉会話」の特徴を持つ発話の例として最も適当なものを、次の1～4の中から一つ選べ。

　　1　エレベーターで会った隣人に「いい天気ですね。」と天気の話をする。

　　2　サークルのメンバーに「明日の交流会は、ラウンジになったよ。」と伝える。

　　3　道で会った知り合いに「どちらまで？」と声を掛けて挨拶をする。

　　4　パーティーで初めて会った人に「にぎやかなパーティーですね。」と言う。

問2　文章中の下線部Bの質問の方法として最も適当なものを、次の1～4の中から一つ選べ。

　　1　自分が知りたいことを一度にまとめて質問する。

　　2　以前に盛り上がった話題を避けて新たに別の質問をする。

　　3　相手の体験談や意見を引き出すような質問をする。

　　4　相手よりも自分のほうが詳しい事柄について質問する。

問3　文章中の下線部C「共同発話」の例として最も適当なものを、次の1～4の中から
　　　一つ選べ。

　　1　友人X：日本の夏ってほんと…。

　　　　友人Y：湿気がすごいよね。

　　　　友人X：そうだよね。

　　2　社員X：明日の会議、一緒に出ても…。

　　　　社員Y：ああ、どうぞ。

　　　　社員X：では、そうします。

　　3　友人X：混んでるから、注文する前に席をちょっと…。

　　　　友人Y：あそこ空いてるよ。

　　　　友人X：じゃあ、取っといて。

　　4　教師X：昨日配ったプリントですけど…。

　　　　学生Y：あ、文法のですね。

　　　　教師X：はい、忘れずにやっておいてください。

問4　文章中の下線部D「話題の終了を示唆する行動」の例として最も適当なものを、次の
　　　1～4の中から一つ選べ。

　　1　徐々に声を大きくしていく。

　　2　終助詞「よ」を繰り返し用いる。

　　3　うなずきながら話すスピードを速くする。

　　4　相づちの繰り返しや評価的な発話を増やす。

問5　文章中の下線部E「OPIの原理や手法を用いた会話教育」に関する記述として最も
　　　適当なものを、次の1～4の中から一つ選べ。

　　1　学習者に達成感を与えるために、ロールプレイを行う。

　　2　文型を定着させるためのパターン・プラクティスを行う。

　　3　発話能力の上限を把握するためのタスクを行う。

　　4　活動目的を理解させるために、ウォームアップを行う。

問題14 次の文章を読み、下の問い（問１～５）に答えよ。

　言葉には、その社会の価値観やイデオロギーが反映されている。米国におけるフェミニズム運動の高まりの中で生まれた言語とジェンダーの研究は、男性中心主義的な価値観に基づく<u>性差別的な言語</u>（sexist language）を批判し、是正を求めた。こうした言葉の変革
<u>A</u>
は<u>ポリティカル・コレクトネス</u>（political correctness）の考え方に依拠している。
<u>B</u>
　日本語では、現実の言語使用とは必ずしも一致しないが、<u>特定のジェンダーをイメージ</u>
<u>させる表現</u>がある。また、<u>特定の人物像をイメージさせる人称詞や文末表現</u>も多い。
<u>C</u>　　　　　　　　　　　　　　　　　　　<u>D</u>
　日本語教育でも、<u>教師と学習者のコミュニケーション</u>は、イデオロギーや権力関係から
<u>E</u>
影響を受ける可能性があることに留意すべきである。

問１　文章中の下線部Ａ「性差別的な言語」に関して、性差別的な日本語の例として最も
　　　適当なものを、次の１～４の中から一つ選べ。
　　　１　看護をする男性が一般的でないことを示唆する「看護師」
　　　２　男性が女性に依存していることを示唆する「保母」
　　　３　女性が男性よりも優れていることを示唆する「女優」
　　　４　女性が男性に従属していることを示唆する「主人」

問２　文章中の下線部Ｂ「ポリティカル・コレクトネス」に基づいて言い換えた日本語の
　　　例として最も適当なものを、次の１～４の中から一つ選べ。
　　　１　「肌色」を「うすだいだい」と言い換える。
　　　２　「情報格差」を「デジタル・ディバイド」と言い換える。
　　　３　原子炉の「老朽化」を「高経年化」と言い換える。
　　　４　短所である「利己的」を「合理的」と言い換える。

問3 文章中の下線部C「特定のジェンダーをイメージさせる表現」に関する記述として最も適当なものを、次の1～4の中から一つ選べ。

1 名詞に直接「か」を付けて発する質問文は、女性をイメージさせる。

2 イ形容詞の末尾の母音［ai］が［ee］に変化した形は、女性をイメージさせる。

3 動詞の命令形に「よ」が後接した形式は、男性をイメージさせる。

4 ナ形容詞の語幹に「ね」が後接した形式は、男性をイメージさせる。

問4 文章中の下線部D「特定の人物像をイメージさせる人称詞や文末表現」に関する記述として最も適当なものを、次の1～4の中から一つ選べ。

1 現代では、「書生」が用いる言葉というイメージがあるものに、「～ますの」や「～だわ」がある。

2 現代では、「お嬢様」が用いる言葉というイメージがあるものに、「～だこと」や「～ですもの」がある。

3 現代では、「執事」が用いる言葉というイメージがあるものに、「わし」や「～じゃ」がある。

4 現代では、「宮中の女房」が用いる言葉というイメージがあるものに、「あちき」や「～ありんす」がある。

問5 文章中の下線部E「教師と学習者のコミュニケーション」に関する記述として最も適当なものを、次の1～4の中から一つ選べ。

1 教師が学習者の性別に応じて「君」や「さん」のように異なる敬称を使い分けることは、ジェンダーに関する隠れたカリキュラムを反映している。

2 グループ学習や協働学習などの学習者中心の授業形態は、教師と学習者の関係性に関する伝統的な価値観を反映している。

3 教師の質問と学習者の回答を含むIRE/IRFは、両者に発言の機会が平等に与えられているため、対等な力関係を反映している。

4 男性学習者から同意を求められた女性教師が「うーん…。」と否定的な反応をすることは、ジェンダー間の不平等を反映している。

問題15　次の文章を読み、下の問い（問１〜５）に答えよ。

　日本語教育の対象は世情とともに変化してきた。1950年代には東南アジア諸国の技術者を研修生として国内に受け入れる政策が始まり、彼らに対する<u>日本語の教科書『日本語の基礎』</u>が開発された。
　　　　　　　　　　　　　　　　　　　　　　　　　　　　　　　　　　　A

　その後、1972年の日中国交正常化を機に中国帰国者に対する公的支援が始まった。また、ベトナム戦争が終結すると1979年にインドシナ難民の受入れが開始され、各地で<u>難民</u>に対する日本語教育が始まった。さらに、<u>1990年に実施された「出入国管理及び難民認定法」の改正</u>を受けて外国人住民が増加すると、地域の日本語教室での外国人住民に対する日本語教育が課題となった。
　　　　　　　　　B　　　　　　　　C

　2018年に日本政府は「<u>外国人材の受入れ・共生のための総合的対応策</u>」を策定した。さらに2021年には「<u>日本語教育の参照枠</u>」が示され、それを踏まえた教育内容や教育モデルの開発が目指されている。
　　　　　　　　　　　　　　D　　　　　　　　　　　E

問１　文章中の下線部Ａ「日本語の教科書『日本語の基礎』」の理念や方針を受け継いで開発された教科書として最も適当なものを、次の１〜４の中から一つ選べ。

　　１　『まるごと　日本のことばと文化』

　　２　『標準日本語讀本』

　　３　『日本語初歩』

　　４　『みんなの日本語』

問２　文章中の下線部Ｂ「難民」に関して、2020年度時点で文化庁が行っている日本語教育事業に関する記述として**不適当な**ものを、次の１〜４の中から一つ選べ。

　　１　難民の定住を支援するために、定住支援施設において日本語教育を実施している。

　　２　難民の主な使用言語に翻訳された日本語学習教材を提供している。

　　３　難民が永住許可を得るための市民統合日本語テストを実施している。

　　４　難民に対して日本語教育相談員による指導・助言を行っている。

問3 文章中の下線部C「1990年に実施された「出入国管理及び難民認定法」の改正」に関する記述として最も適当なものを、次の1〜4の中から一つ選べ。

1 就労に制限のない在留資格として「定住者」が創設された。

2 高度人材を優遇する在留資格として「高度専門職」が創設された。

3 就学生の負担を軽減するため、在留資格「留学」と「就学」が統合された。

4 受入れ企業の需要に対応するため、在留資格「技術」と「人文知識・国際業務」が統合された。

問4 文章中の下線部D「外国人材の受入れ・共生のための総合的対応策」の主たる目的として最も適当なものを、次の1〜4の中から一つ選べ。

1 新しい都市間連携を構築し、今後の諸都市における国際化に必要不可欠な外国人住民との地域共生の確立を目指す。

2 外国人材を適正に受け入れ、共生社会の実現を図ることにより、日本人と外国人が安心して安全に暮らせる社会の実現を目指す。

3 産業競争力の向上や各国のきずなの強化を基盤として、グローバルな舞台で活躍できる人材の育成を目指す。

4 日本語教育の推進に関する施策を総合的に推進し、多様な文化を尊重した活力ある共生社会の実現を目指す。

問5 文章中の下線部E「日本語教育の参照枠」を参照することによって期待される効果として**不適当な**ものを、次の1〜4の中から一つ選べ。

1 周囲の人々が学習者の日本語能力を把握しやすくなり、学習者を支える環境が醸成される。

2 言語能力記述文の整備により、教育機関ごとに異なっている教育内容や教育方法が統一される。

3 教育機関同士の連携がしやすくなり、学習者が機関を移動しても学習を継続しやすくなる。

4 日本語能力の共通の指標が整備されることで、複数ある日本語試験間で判定結果が比較しやすくなる。

問題16　次の文章を読み、下の問い（問1～5）に答えよ。

　外国人材の受入れは、近年急速に拡大している。介護分野では、2008年に<u>経済連携協定</u>（EPA）による受入れが開始された。その後、在留資格「介護」の創設や、<u>技能実習制度</u>における介護職種の追加が決まった。さらに、2018年には「<u>特定技能</u>」の在留資格が創設された。在留資格「特定技能」の取得には、<u>国際交流基金日本語基礎テスト（JFT-Basic）</u>等で日本語能力水準を証明することに加えて、特定産業分野ごとの技能試験に合格することなどが義務付けられている。

　また、円滑な外国人材受入れのためには適正な労働環境を整えていくことが重要であり、2017年には「<u>外国人の技能実習の適正な実施及び技能実習生の保護に関する法律</u>」が施行されるなど法律の整備も進んでいる。

A　経済連携協定
B　技能実習制度
C　特定技能
D　国際交流基金日本語基礎テスト（JFT-Basic）
E　外国人の技能実習の適正な実施及び技能実習生の保護に関する法律

問1　文章中の下線部A「経済連携協定」の枠組みで来日する介護福祉士候補者に関する記述として最も適当なものを、次の1～4の中から一つ選べ。

　1　受入れ施設で就労しながら国家試験の合格を目指した研修に従事する。

　2　出身国の介護福祉士免許を持っていれば、国家試験で科目の一部が免除される。

　3　看護師候補者とは異なり、年間受入れ人数の上限は設定されていない。

　4　国家試験では日本語面での受験上の配慮は行われていない。

問2　文章中の下線部B「技能実習制度」に関して、2022年現在の記述として最も適当なものを、次の1～4の中から一つ選べ。

　1　この制度での受入れ対象は、インドネシア、フィリピン、ベトナムの3か国である。

　2　この制度で働く当該年度の実習生数は、外国人労働者数全体の5割以上を占める。

　3　この制度では、「技能実習1号」修了後に在留資格「特定技能」へ切替えができる。

　4　この制度での外国人受入れの方式には、企業単独型と団体監理型がある。

問3　文章中の下線部C「特定技能」制度の目的として最も適当なものを、次の1～4の中から一つ選べ。

1　高度外国人材を受け入れ、専門的・技術的な労働市場の発展を促進するため

2　一定の専門性や技能を有する外国人を受け入れ、人手不足の問題に対応するため

3　日本の技術・知識の移転を図り、相手国の経済発展を担う人づくりに寄与するため

4　日本と相手国との貿易や人の移動などを自由化し、国際連携を強化するため

問4　文章中の下線部D「国際交流基金日本語基礎テスト（JFT-Basic）」に関して、テストの構成と判定・評価される日本語力の最も適当な組合せを、次の1～4の中から一つ選べ。

	テストの構成	判定・評価される日本語力
1	「聴解」「聴読解」「読解」の3セクションで構成される。	A2レベル程度の日本語力を持っているかを判定する。
2	「聴解」「聴読解」「読解」の3セクションで構成される。	スコアに応じて6段階で日本語力を評価する。
3	「文字と語彙」「会話と表現」「聴解」「読解」の4セクションで構成される。	A2レベル程度の日本語力を持っているかを判定する。
4	「文字と語彙」「会話と表現」「聴解」「読解」の4セクションで構成される。	スコアに応じて6段階で日本語力を評価する。

問5　文章中の下線部E「外国人の技能実習の適正な実施及び技能実習生の保護に関する法律」に関する記述として**不適当なもの**を、次の1～4の中から一つ選べ。

1　技能実習生に対する人権侵害行為等について禁止規定を設け、違反に対する罰則を規定した。

2　優良な実習実施者等に対して、3年の実習期間を5年に延長することを可能とした。

3　技能実習生は、入国1年目から労働基準関係法令の適用の対象となることが定められた。

4　外国人技能実習機構を認可法人として新設し、技能実習計画の認定を行うことが明記された。

問題17　あなたの所属する日本語教育機関ではピア・ラーニングを取り入れて授業を行っています。今回、あなたの担当する中級の読解クラスでは、初級のクラスであまり行ってこなかったトップダウンの読み方を練習することにしました。例えば「高齢者の運転免許の返納」に関する文章を読む場合、どのような授業を展開するとよいと思いますか。ピア・ラーニングの良さを生かし、かつ、トップダウンの読み方を促すことができるような一連の活動（50分の授業1回分）を、次のキーワードを複数用いながら、400字程度で提案してください。その際、トップダウンでの読み方を促す意義も説明してください。

＜キーワード＞
スキーマ、仮説、能動的な読み、相互作用

このページには問題が印刷されていません。

このページには問題が印刷されていません。

このページには問題が印刷されていません。

令和５年度日本語教育能力検定試験

試　験　Ⅰ　解　答　用　紙　第　１　面

氏　名

[注意事項]

1. 氏名、受験番号を記入してください。受験番号は「数字」欄に記入し、その下の「マーク」欄にも必ずマークしてください。
2. 必ず鉛筆またはシャープペンシル（ＨＢ）でマークしてください。
3. 訂正する場合はプラスチック消しゴムできれいに消し、消しくずを残さないでください。
4. 所定欄以外にはマークしたり記入しないでください。
5. 汚したり折り曲げたりしないでください。
6. 以上の１～５が守られていないと、採点できないことがあります。

氏名を記入してください。

受験番号を下の「数字」欄に記入し、その下の「マーク」欄にも必ずマークしてください。

受　験　番　号					
数字	万位	千位	百位	十位	一位
マ ー ク	⓪①②③④⑤⑥⑦⑧⑨	⓪①②③④⑤⑥⑦⑧⑨	⓪①②③④⑤⑥⑦⑧⑨	⓪①②③④⑤⑥⑦⑧⑨	⓪①②③④⑤⑥⑦⑧⑨

マーク例

良い例	悪い例
●	◕ ⊗ ◑ ⊖

問題１

問題番号	解答欄
(1)	①②③④⑤
(2)	①②③④⑤
(3)	①②③④⑤
(4)	①②③④⑤
(5)	①②③④⑤
(6)	①②③④⑤
(7)	①②③④⑤
(8)	①②③④⑤
(9)	①②③④⑤
(10)	①②③④⑤
(11)	①②③④⑤
(12)	①②③④⑤
(13)	①②③④⑤
(14)	①②③④⑤
(15)	①②③④⑤

問題２

問題番号	解答欄
(1)	①②③④
(2)	①②③④
(3)	①②③④
(4)	①②③④
(5)	①②③④

問題３

問題番号	解答欄
A	(1) ①②③④
	(2) ①②③④
	(3) ①②③④
	(4) ①②③④
	(5) ①②③④
B	(6) ①②③④
	(7) ①②③④
	(8) ①②③④
	(9) ①②③④
	(10) ①②③④
C	(11) ①②③④
	(12) ①②③④
	(13) ①②③④
	(14) ①②③④
	(15) ①②③④
D	(16) ①②③④
	(17) ①②③④
	(18) ①②③④
	(19) ①②③④
	(20) ①②③④

問題番号	解答欄
問題４	問1 ①②③④
	問2 ①②③④
	問3 ①②③④
	問4 ①②③④
	問5 ①②③④
問題５	問1 ①②③④
	問2 ①②③④
	問3 ①②③④
	問4 ①②③④
	問5 ①②③④
問題６	問1 ①②③④
	問2 ①②③④
	問3 ①②③④
	問4 ①②③④
	問5 ①②③④
問題７	問1 ①②③④
	問2 ①②③④
	問3 ①②③④
	問4 ①②③④
	問5 ①②③④

（裏面へつづく）

令和５年度日本語教育能力検定試験

試験 Ⅰ 解 答 用 紙 第 ２ 面

問題番号		解答欄
問題8	問1	①②③④
	問2	①②③④
	問3	①②③④
	問4	①②③④
	問5	①②③④
問題9	問1	①②③④
	問2	①②③④
	問3	①②③④
	問4	①②③④
	問5	①②③④
問題10	問1	①②③④
	問2	①②③④
	問3	①②③④
	問4	①②③④
	問5	①②③④
問題11	問1	①②③④
	問2	①②③④
	問3	①②③④
	問4	①②③④
	問5	①②③④

問題番号		解答欄
問題12	問1	①②③④
	問2	①②③④
	問3	①②③④
	問4	①②③④
	問5	①②③④
問題13	問1	①②③④
	問2	①②③④
	問3	①②③④
	問4	①②③④
	問5	①②③④
問題14	問1	①②③④
	問2	①②③④
	問3	①②③④
	問4	①②③④
	問5	①②③④
問題15	問1	①②③④
	問2	①②③④
	問3	①②③④
	問4	①②③④
	問5	①②③④

令和5年度日本語教育能力検定試験

試 験 Ⅱ 解 答 用 紙

[注意事項]

1. 氏名、受験番号を記入してください。受験番号は「数字」欄に記入し、その下の「マーク」欄にも必ずマークしてください。
2. 必ず鉛筆またはシャープペンシル（HB）でマークしてください。
3. 訂正する場合はプラスチック消しゴムできれいに消し、消しくずを残さないでください。
4. 所定欄以外にはマークしたり記入したりしないでください。
5. 汚したり折り曲げたりしないでください。
6. 以上の1～5が守られていないと、採点できないことがあります。

氏 名

氏名を記入してください。

受験番号を下の「数字」欄に
記入し、その下の「マーク」欄
にも必ずマークしてください。

受 験 番 号					
数字	万位	千位	百位	十位	一位
マーク	⓪①②③④⑤⑥⑦⑧⑨	⓪①②③④⑤⑥⑦⑧⑨	⓪①②③④⑤⑥⑦⑧⑨	⓪①②③④⑤⑥⑦⑧⑨	⓪①②③④⑤⑥⑦⑧⑨

マーク例

良い例	悪 い 例
●	◉ ⊗ ⊘ ⊖

問 題 番 号		解答欄
問題1	例	● ⓑ ⓒ ⓓ
	1 番	ⓐ ⓑ ⓒ ⓓ
	2 番	ⓐ ⓑ ⓒ ⓓ
	3 番	ⓐ ⓑ ⓒ ⓓ
	4 番	ⓐ ⓑ ⓒ ⓓ
	5 番	ⓐ ⓑ ⓒ ⓓ
	6 番	ⓐ ⓑ ⓒ ⓓ
問題2	例	ⓐ ● ⓒ ⓓ
	1 番	ⓐ ⓑ ⓒ ⓓ
	2 番	ⓐ ⓑ ⓒ ⓓ
	3 番	ⓐ ⓑ ⓒ ⓓ
	4 番	ⓐ ⓑ ⓒ ⓓ
	5 番	ⓐ ⓑ ⓒ ⓓ
	6 番	ⓐ ⓑ ⓒ ⓓ

問 題 番 号		解答欄
問題3	例	● ⓑ ⓒ ⓓ
	1 番	ⓐ ⓑ ⓒ ⓓ
	2 番	ⓐ ⓑ ⓒ ⓓ
	3 番	ⓐ ⓑ ⓒ ⓓ
	4 番	ⓐ ⓑ ⓒ ⓓ
	5 番	ⓐ ⓑ ⓒ ⓓ
	6 番	ⓐ ⓑ ⓒ ⓓ
	7 番	ⓐ ⓑ ⓒ ⓓ
	8 番	ⓐ ⓑ ⓒ ⓓ

問 題 番 号		解答欄
問題4	問1 1番	ⓐ ⓑ ⓒ ⓓ
	問2	ⓐ ⓑ ⓒ ⓓ
	問1 2番	ⓐ ⓑ ⓒ ⓓ
	問2	ⓐ ⓑ ⓒ ⓓ
	問1 3番	ⓐ ⓑ ⓒ ⓓ
	問2	ⓐ ⓑ ⓒ ⓓ
問題5	問1 1番	ⓐ ⓑ ⓒ ⓓ
	問2	ⓐ ⓑ ⓒ ⓓ
	問1 2番	ⓐ ⓑ ⓒ ⓓ
	問2	ⓐ ⓑ ⓒ ⓓ
	問1 3番	ⓐ ⓑ ⓒ ⓓ
	問2	ⓐ ⓑ ⓒ ⓓ
問題6	例	ⓐ ● ⓒ ⓓ
	1 番	ⓐ ⓑ ⓒ ⓓ
	2 番	ⓐ ⓑ ⓒ ⓓ
	3 番	ⓐ ⓑ ⓒ ⓓ
	4 番	ⓐ ⓑ ⓒ ⓓ
	5 番	ⓐ ⓑ ⓒ ⓓ
	6 番	ⓐ ⓑ ⓒ ⓓ
	7 番	ⓐ ⓑ ⓒ ⓓ
	8 番	ⓐ ⓑ ⓒ ⓓ

令和5年度日本語教育能力検定試験

試験 Ⅲ 解答用紙

氏名を記入してください。

氏 名	

受験番号を下の「数字」欄に記入し、その下の「マーク」欄にもマークしてください。

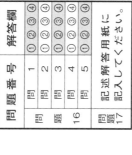

受験番号	数字	万千位 百位	十位	一位
	マーク	⓪①②③④⑤⑥⑦⑧⑨ ⓪①②③④⑤⑥⑦⑧⑨	⓪①②③④⑤⑥⑦⑧⑨	⓪①②③④⑤⑥⑦⑧⑨

マーク例

良い例	悪い例		
●	◐	⊗	⊖

[注意事項]

1. 氏名、受験番号を記入（記述解答用紙にも）してください。受験番号は「数字」欄に記入し、その下の「マーク」欄にも必ずマークしてください。
2. 必ず鉛筆またはシャープペンシル（HB）で「マーク」してください。
3. 訂正する場合はプラスチック消しゴムできれいに消し、消しくずを残さないでください。
4. 所定欄以外にはマークしたり記入したりしないでください。
5. 汚したり折り曲げたりしないでください。
6. 以上の1～5が守られていないと、採点できないことがあります。

問題番号		解答欄
問題1	1	①②③④
	2	①②③④
	3	①②③④
	4	①②③④
	5	①②③④
問題2	1	①②③④
	2	①②③④
	3	①②③④
	4	①②③④
	5	①②③④
問題3	1	①②③④
	2	①②③④
	3	①②③④
	4	①②③④
	5	①②③④
問題4	1	①②③④
	2	①②③④
	3	①②③④
	4	①②③④
	5	①②③④
問題5	1	①②③④
	2	①②③④
	3	①②③④
	4	①②③④
	5	①②③④

問題番号		解答欄
問題6	1	①②③④
	2	①②③④
	3	①②③④
	4	①②③④
	5	①②③④
問題7	1	①②③④
	2	①②③④
	3	①②③④
	4	①②③④
	5	①②③④
問題8	1	①②③④
	2	①②③④
	3	①②③④
	4	①②③④
	5	①②③④
問題9	1	①②③④
	2	①②③④
	3	①②③④
	4	①②③④
	5	①②③④
問題10	1	①②③④
	2	①②③④
	3	①②③④
	4	①②③④
	5	①②③④

問題番号		解答欄
問題11	1	①②③④
	2	①②③④
	3	①②③④
	4	①②③④
	5	①②③④
問題12	1	①②③④
	2	①②③④
	3	①②③④
	4	①②③④
	5	①②③④
問題13	1	①②③④
	2	①②③④
	3	①②③④
	4	①②③④
	5	①②③④
問題14	1	①②③④
	2	①②③④
	3	①②③④
	4	①②③④
	5	①②③④
問題15	1	①②③④
	2	①②③④
	3	①②③④
	4	①②③④
	5	①②③④

問題番号		解答欄
問題16	1	①②③④
	2	①②③④
	3	①②③④
	4	①②③④
	5	①②③④
問題17		記述解答用紙に記入してください。

試験Ⅲ　問題17　記述解答用紙

氏　名

受験番号

参　考　資　料

令和5年度日本語教育能力検定試験 実施要項

1．目　的

日本語教員となるために学習している者、日本語教員として教育に携わっている者を対象として、日本語教育の実践につながる体系的な知識が基礎的な水準に達しているかどうか、状況に応じてそれらの知識を関連づけ多様な現場に対応する能力が基礎的な水準に達しているかどうかを検定することを目的とする。

2．実施者

公益財団法人 日本国際教育支援協会が実施する。

3．後　援

文化庁／公益社団法人日本語教育学会

大学共同利用機関法人人間文化研究機構国立国語研究所／独立行政法人国際交流基金

一般財団法人日本語教育振興協会／公益社団法人国際日本語普及協会

4．試験の方法、内容等

(1) 受験資格

特に制限しない。

(2) 試験の水準と内容

試験の水準：日本語教育に携わるにあたり必要とされる基礎的な知識・能力。

試験の内容：出題範囲は、別記のとおりとする。

(3) 試験の構成

科目	解答時間	配点	測定内容
試験Ⅰ	90分	100点	原則として、出題範囲の区分ごとの設問により、日本語教育の実践につながる基礎的な知識を測定する。
試験Ⅱ	30分	40点	試験Ⅰで求められる「基礎的な知識」および試験Ⅲで求められる「基礎的な問題解決能力」について、音声を媒体とした出題形式で測定する。
試験Ⅲ	120分	100点	原則として出題範囲の区分横断的な設問により、熟練した日本語教員の有する現場対応能力につながる基礎的な問題解決能力を測定する。

(4) 試　験　日：令和5年10月22日（日）

(5) 試験地区：北海道、東北、関東、中部、近畿、中国、九州

5．出願の手続き等

①出願方法：オンライン出願

詳細は日本語教育能力検定試験のサイト（http://www.jees.or.jp/jltct/index.htm）にてお知らせする。

②受　験　料：17,000円

③受付期間：令和5年7月3日（月）から7月31日（月）まで。

6．受験票の送付

受理したものについて、令和5年9月22日（金）に発送。

7．結果の通知等

合否の結果は、令和5年12月22日（金）に受験者全員に文書をもって通知するとともに、合格者には合格証書を交付する。

出 題 範 囲

別記

次の通りとする。ただし、全範囲にわたって出題されるとは限らない。

区分		主要項目	
社会・文化・地域	① 世界と日本	(1)	世界と日本の社会と文化
	② 異文化接触	(2)	日本の在留外国人施策
		(3)	多文化共生（地域社会における共生）
	③ 日本語教育の歴史と現状	(4)	日本語教育史
		(5)	言語政策
		(6)	日本語の試験
		(7)	世界と日本の日本語教育事情
言語と社会	④ 言語と社会の関係	(8)	社会言語学
		(9)	言語政策と「ことば」
	⑤ 言語使用と社会	(10)	コミュニケーションストラテジー
		(11)	待遇・敬意表現
		(12)	言語・非言語行動
	⑥ 異文化コミュニケーションと社会	(13)	多文化・多言語主義
言語と心理	⑦ 言語理解の過程	(14)	談話理解
		(15)	言語学習
	⑧ 言語習得・発達	(16)	習得過程（第一言語・第二言語）
		(17)	学習ストラテジー
	⑨ 異文化理解と心理	(18)	異文化受容・適応
		(19)	日本語の学習・教育の情意的側面
言語と教育	⑩ 言語教育法・実習	(20)	日本語教師の資質・能力
		(21)	日本語教育プログラムの理解と実践
		(22)	教室・言語環境の設定
		(23)	コースデザイン
		(24)	教授法
		(25)	教材分析・作成・開発
		(26)	評価法
		(27)	授業計画
		(28)	教育実習
		(29)	中間言語分析
		(30)	授業分析・自己点検能力
		(31)	目的・対象別日本語教育法
	⑪ 異文化間教育とコミュニケーション教育	(32)	異文化間教育
		(33)	異文化コミュニケーション
		(34)	コミュニケーション教育
	⑫ 言語教育と情報	(35)	日本語教育とICT
		(36)	著作権
言語	⑬ 言語の構造一般	(37)	一般言語学
		(38)	対照言語学
	⑭ 日本語の構造	(39)	日本語教育のための日本語分析
		(40)	日本語教育のための音韻・音声体系
		(41)	日本語教育のための文字と表記
		(42)	日本語教育のための形態・語彙体系
		(43)	日本語教育のための文法体系
		(44)	日本語教育のための意味体系
		(45)	日本語教育のための語用論的規範
	⑮ 言語研究		
	⑯ コミュニケーション能力	(46)	受容・理解能力
		(47)	言語運用能力
		(48)	社会文化能力
		(49)	対人関係能力
		(50)	異文化調整能力

各区分における測定内容

区分	求められる知識・能力
社会・文化・地域	日本や日本の地域社会が関係する国際社会の実情や、国際化に対する日本の国や地方自治体の政策、地域社会の人びとの意識等を考えるために、次のような視点と基礎的な知識を有し、それらと日本語教育の実践とを関連づける能力を有していること。 ・国際関係論・文化論・比較文化論的な視点とそれらに関する基礎的知識 ・政治的・経済的・社会的・地政学的な視点とそれらに関する基礎的知識 ・宗教的・民族的・歴史的な視点とそれらに関する基礎的知識
言語と社会	言語教育・言語習得および言語使用と社会との関係を考えるために、次のような視点と基礎的な知識を有し、それらと日本語教育の実践とを関連づける能力を有していること。 ・言語教育・言語習得について、広く国際社会の動向からみた国や地域間の関係から考える視点とそれらに関する基礎的知識 ・言語教育・言語習得について、それぞれの社会の政治的・経済的・文化的構造等との関係から考える視点とそれらに関する基礎的知識 ・個々人の言語使用を具体的な社会文化状況の中で考える視点とそれらに関する基礎的知識
言語と心理	言語の学習や教育の場面で起こる現象や問題の理解・解決のために、次のような視点と基礎的な知識を有し、それらと日本語教育の実践とを関連づける能力を有していること。 ・学習の過程やスタイルあるいは個人、集団、社会等、多様な視点から捉えた言語の習得と発達に関する基礎的知識 ・言語教育に必要な学習理論、言語理解、認知過程に関する心理学の基礎的知識 ・異文化理解、異文化接触、異文化コミュニケーションに関する基礎的知識
言語と教育	学習活動を支援するために、次のような視点と基礎的な知識を有し、それらと日本語教育の実践とを関連づける能力を有していること。 ・個々の学習者の特質に対するミクロな視点と、個々の学習を社会の中に位置付けるマクロな視点 ・学習活動を客観的に分析し、全体および問題の所在を把握するための基礎的知識 ・学習者のかかえる問題を解決するための教授・評価等に関する基礎的知識
言語	教育・学習の対象となる日本語および言語一般について次のような知識・能力を有し、それらと日本語教育の実践とを関連づける能力を有していること。 ・現代日本語の音声・音韻、語彙、文法、意味、運用等に関する基礎的知識とそれらを客観的に分析する能力 ・一般言語学、対照言語学など言語の構造に関する基礎的知識 ・指導を滞りなく進めるため、話し言葉・書き言葉両面において円滑なコミュニケーションを行うための知識・能力

令和5年度日本語教育能力検定試験 実施状況

　令和5年度日本語教育能力検定試験の（1）実施日、（2）応募者数・受験者数、（3）合格者数、（4）実施会場は以下のとおり。

（1）実施日
　　令和5年 10 月 22 日（日）

（2）応募者数・受験者数

実 施 地 区	応募者数（人）	受験者数（人）
北　海　道	248	205
東　　　北	319	259
関　　　東	5,005	4,006
中　　　部	1,087	899
近　　　畿	2,285	1,896
中　　　国	470	377
九　　　州	756	607
合　　　計	10,170	8,249

　　注　「受験者数（人）」は科目受験者を含む。

（3）合格者数
　　2,542 人

（4）実施会場
　　北海道地区：北海道文教大学
　　東北地区：仙台青葉学院短期大学　長町キャンパス
　　関東地区：東京大学　駒場Ⅰキャンパス、大正大学　巣鴨キャンパス
　　　　　　　帝京科学大学　千住キャンパス　7号館
　　中部地区：名城大学　八事キャンパス
　　近畿地区：大阪大学　豊中キャンパス
　　中国地区：岡山理科大学　岡山キャンパス
　　九州地区：福岡女学院大学

令和5年度日本語教育能力検定試験 平均点等一覧

試験Ⅰ及び試験Ⅱ（聴解）については、全問マークシート方式（以下「マーク式」という。）で、試験Ⅲについては、マーク式と一部記述式で実施した。

マーク式平均点等一覧

試 験 区 分	受験者数	平 均 点	標準偏差	最 高 点	最 低 点
マーク式総合 （220点）	8,211	140.6 （63.9%）	24.8 （11.3%）	205	44
試 験 Ⅰ （100点）	8,249	61.5 （61.5%）	11.5 （11.5%）	91	17
試 験 Ⅱ （40点）	8,220	26.8 （66.9%）	6.2 （15.5%）	40	4
試験Ⅲマーク式 （80点）	8,211	52.2 （65.3%）	9.3 （11.6%）	77	4

記述式を含む平均点等一覧

試 験 区 分	受験者数	平 均 点	標準偏差	最 高 点	最 低 点
総 合 （240点）	4,985	167.9 （70.0%）	15.5 （6.5%）	219	136
試 験 Ⅲ （100点）	4,985	69.1 （69.1%）	7.7 （7.7%）	92	36
試験Ⅲ記述式 （20点）	4,985	11.3 （56.3%）	3.7 （18.3%）	20	0

注　1　マーク式総合の受験者数は、全科目受験者の数。
　　2　記述式を含む平均点等一覧は、マーク式による問題の総得点が上位である60%の人数の者についてのものである。
　　3　平均点と標準偏差の（　）内の数字は配点に対する百分率。

日本語教育能力検定試験 応募者数等の推移

実施回数	実施年度	応募者数（人）	受験者数（人）	合格者数（人）	実施地区
第 1 回	昭和 62 年度	5,837	4,758	935	1
第 2 回	昭和 63 年度	5,794	4,597	827	2
第 3 回	平成 元 年度	6,783	5,405	999	2
第 4 回	平成 2 年度	6,367	5,143	908	3
第 5 回	平成 3 年度	7,815	6,224	1,153	3
第 6 回	平成 4 年度	8,723	6,846	1,272	3
第 7 回	平成 5 年度	8,673	6,792	1,224	3
第 8 回	平成 6 年度	8,282	6,153	1,125	3
第 9 回	平成 7 年度	7,614	5,911	1,107	3
第 10 回	平成 8 年度	7,755	5,986	1,088	4
第 11 回	平成 9 年度	7,624	5,824	1,077	4
第 12 回	平成 10 年度	6,906	5,272	1,008	4
第 13 回	平成 11 年度	7,526	5,729	1,091	4
第 14 回	平成 12 年度	7,809	5,858	1,077	4
第 15 回	平成 13 年度	7,319	5,549	1,008	4
第 16 回	平成 14 年度	7,989	6,154	1,171	4
第 17 回	平成 15 年度	8,103	6,426	1,235	4
第 18 回	平成 16 年度	8,401	6,715	1,220	5
第 19 回	平成 17 年度	7,231	5,958	1,155	5
第 20 回	平成 18 年度	6,374	5,317	1,126	6
第 21 回	平成 19 年度	5,837	4,793	981	6
第 22 回	平成 20 年度	5,773	4,767	1,020	6
第 23 回	平成 21 年度	6,277	5,203	1,215	6
第 24 回	平成 22 年度	6,823	5,616	1,197	7
第 25 回	平成 23 年度	7,034	5,769	1,527	7
第 26 回	平成 24 年度	5,877	4,829	1,109	7
第 27 回	平成 25 年度	5,439	4,402	1,001	7
第 28 回	平成 26 年度	5,436	4,389	1,027	7
第 29 回	平成 27 年度	5,920	4,754	1,086	7
第 30 回	平成 28 年度	6,167	4,934	1,231	7
第 31 回	平成 29 年度	7,331	5,767	1,463	7
第 32 回	平成 30 年度	8,586	6,841	1,937	7
第 33 回	令和 元 年度	11,699	9,426	2,659	7
第 34 回	令和 2 年度	11,316	9,084	2,613	7
第 35 回	令和 3 年度	10,216	8,301	2,465	7
第 36 回	令和 4 年度	8,785	7,076	2,182	7
第 37 回	令和 5 年度	10,170	8,249	2,542	7

注 「受験者数（人）」は科目受験者を含む。

令和6年度日本語教育能力検定試験 実施要項

1．目　的

日本語学習者の多様なニーズに応じた日本語教育を行おうとする者を対象として、日本語教育の実践につながる体系的な知識が基礎的な水準に達しているかどうか、状況に応じてそれらの知識を関連づけ多様な現場に対応する能力が基礎的な水準に達しているかどうかを検定することを目的とする。

注）令和6年度から実施が予定されている国家資格としての登録日本語教員のための試験ではない。

2．実施者

公益財団法人 日本国際教育支援協会が実施する。

3．後　援

未定

4．試験の方法、内容等

(1) 受験資格

特に制限しない。

(2) 試験の水準と内容

試験の水準：日本語教育に携わるにあたり必要とされる基礎的な知識・能力。

試験の内容：出題範囲は、別記のとおりとする。

(3) 試験の構成

科目	解答時間	配点	測定内容
試験Ⅰ	90分	100点	原則として、出題範囲の区分ごとの設問により、日本語教育の実践につながる基礎的な知識を測定する。
試験Ⅱ	30分	40点	試験Ⅰで求められる「基礎的な知識」および試験Ⅲで求められる「基礎的な問題解決能力」について、音声を媒体とした出題形式で測定する。
試験Ⅲ	120分	100点	原則として出題範囲の区分横断的な設問により、熟練した日本語教員の有する現場対応能力につながる基礎的な問題解決能力を測定する。

(4) 試　験　日：令和6年10月27日（日）

(5) 試験地区（予定）：北海道、東北、関東、中部、近畿、中国、九州

5．出願の手続き等

(1) 出願方法：オンライン出願

詳細は日本語教育能力検定試験のサイト（http://www.jees.or.jp/jltct/index.htm）にて通知する。

(2) 受　験　料：17,000円（税込）

(3) 受付期間：令和6年7月1日（月）から7月31日（水）まで。（予定）

6．受験票の送付

受理したものについて、令和6年9月27日（金）に発送。（予定）

7．結果の通知等

合否の結果は、令和6年12月20日（金）（予定）に受験者全員に文書をもって通知するとともに、合格者には合格証書を交付する。

出 題 範 囲

次の通りとする。ただし、全範囲にわたって出題されるとは限らない。

区分		主要項目	
社会・文化・地域	① 世界と日本	(1)	世界と日本の社会と文化
	② 異文化接触	(2)	日本の在留外国人施策
		(3)	多文化共生（地域社会における共生）
	③ 日本語教育の歴史と現状	(4)	日本語教育史
		(5)	言語政策
		(6)	日本語の試験
		(7)	世界と日本の日本語教育事情
言語と社会	④ 言語と社会の関係	(8)	社会言語学
		(9)	言語政策と「ことば」
	⑤ 言語使用と社会	(10)	コミュニケーションストラテジー
		(11)	待遇・敬意表現
		(12)	言語・非言語行動
	⑥ 異文化コミュニケーションと社会	(13)	多文化・多言語主義
言語と心理	⑦ 言語理解の過程	(14)	談話理解
		(15)	言語学習
	⑧ 言語習得・発達	(16)	習得過程（第一言語・第二言語）
		(17)	学習ストラテジー
	⑨ 異文化理解と心理	(18)	異文化受容・適応
		(19)	日本語の学習・教育の情意的側面
言語と教育	⑩ 言語教育法・実習	(20)	日本語教師の資質・能力
		(21)	日本語教育プログラムの理解と実践
		(22)	教室・言語環境の設定
		(23)	コースデザイン
		(24)	教授法
		(25)	教材分析・作成・開発
		(26)	評価法
		(27)	授業計画
		(28)	教育実習
		(29)	中間言語分析
		(30)	授業分析・自己点検能力
		(31)	目的・対象別日本語教育法
	⑪ 異文化間教育とコミュニケーション教育	(32)	異文化間教育
		(33)	異文化コミュニケーション
		(34)	コミュニケーション教育
	⑫ 言語教育と情報	(35)	日本語教育とICT
		(36)	著作権
言語	⑬ 言語の構造一般	(37)	一般言語学
		(38)	対照言語学
	⑭ 日本語の構造	(39)	日本語教育のための日本語分析
		(40)	日本語教育のための音韻・音声体系
		(41)	日本語教育のための文字と表記
		(42)	日本語教育のための形態・語彙体系
		(43)	日本語教育のための文法体系
		(44)	日本語教育のための意味体系
		(45)	日本語教育のための語用論的規範
	⑮ 言語研究		
	⑯ コミュニケーション能力	(46)	受容・理解能力
		(47)	言語運用能力
		(48)	社会文化能力
		(49)	対人関係能力
		(50)	異文化調整能力

別記

各区分における測定内容

区分	求められる知識・能力
社会・文化・地域	日本や日本の地域社会が関係する国際社会の実情や、国際化に対する日本の国や地方自治体の政策、地域社会の人びとの意識等を考えるために、次のような視点と基礎的な知識を有し、それらと日本語教育の実践とを関連づける能力を有していること。 ・国際関係論・文化論・比較文化論的な視点とそれらに関する基礎的知識 ・政治的・経済的・社会的・地政学的な視点とそれらに関する基礎的知識 ・宗教的・民族的・歴史的な視点とそれらに関する基礎的知識
言語と社会	言語教育・言語習得および言語使用と社会との関係を考えるために、次のような視点と基礎的な知識を有し、それらと日本語教育の実践とを関連づける能力を有していること。 ・言語教育・言語習得について、広く国際社会の動向からみた国や地域間の関係から考える視点とそれらに関する基礎的知識 ・言語教育・言語習得について、それぞれの社会の政治的・経済的・文化的構造等との関係から考える視点とそれらに関する基礎的知識 ・個々人の言語使用を具体的な社会文化状況の中で考える視点とそれらに関する基礎的知識
言語と心理	言語の学習や教育の場面で起こる現象や問題の理解・解決のために、次のような視点と基礎的な知識を有し、それらと日本語教育の実践とを関連づける能力を有していること。 ・学習の過程やスタイルあるいは個人、集団、社会等、多様な視点から捉えた言語の習得と発達に関する基礎的知識 ・言語教育に必要な学習理論、言語理解、認知過程に関する心理学の基礎的知識 ・異文化理解、異文化接触、異文化コミュニケーションに関する基礎的知識
言語と教育	学習活動を支援するために、次のような視点と基礎的な知識を有し、それらと日本語教育の実践とを関連づける能力を有していること。 ・個々の学習者の特質に対するミクロな視点と、個々の学習を社会の中に位置付けるマクロな視点 ・学習活動を客観的に分析し、全体および問題の所在を把握するための基礎的知識 ・学習者のかかえる問題を解決するための教授・評価等に関する基礎的知識
言語	教育・学習の対象となる日本語および言語一般について次のような知識・能力を有し、それらと日本語教育の実践とを関連づける能力を有していること。 ・現代日本語の音声・音韻、語彙、文法、意味、運用等に関する基礎的知識とそれらを客観的に分析する能力 ・一般言語学、対照言語学など言語の構造に関する基礎的知識 ・指導を滞りなく進めるため、話し言葉・書き言葉両面において円滑なコミュニケーションを行うための知識・能力

正 答

令和5年度日本語教育能力検定試験　正答

＜試験Ⅰ＞

問題1

(1)	(2)	(3)	(4)	(5)	(6)	(7)	(8)	(9)	(10)	(11)	(12)	(13)
1	2	5	4	3	5	1	3	5	3	1	3	5

(14)	(15)
3	4

問題2

(1)	(2)	(3)	(4)	(5)
4	2	1	3	4

問題3－A（1～5）

(1)	(2)	(3)	(4)	(5)
1	3	1	3	2

問題3－B（6～10）

(6)	(7)	(8)	(9)	(10)
1	3	4	4	2

問題3－C（11～15）

(11)	(12)	(13)	(14)	(15)
4	1	2	3	3

問題3－D（16～20）

(16)	(17)	(18)	(19)	(20)
1	2	2	3	4

問題4

問1	問2	問3	問4	問5
2	1	4	1	2

問題5

問1	問2	問3	問4	問5
3	4	2	3	4

問題6

問1	問2	問3	問4	問5
3	4	2	1	4

問題7

問1	問2	問3	問4	問5
4	2	3	4	3

問題8

問1	問2	問3	問4	問5
4	2	1	4	3

問題9

問1	問2	問3	問4	問5
1	2	4	2	1

問題10

問1	問2	問3	問4	問5
2	1	3	2	3

問題11

問1	問2	問3	問4	問5
3	1	2	1	4

問題12

問1	問2	問3	問4	問5
4	2	3	1	4

問題13

問1	問2	問3	問4	問5
4	2	4	1	2

問題14

問1	問2	問3	問4	問5
2	4	3	1	1

問題15

問1	問2	問3	問4	問5
2	1	3	2	1

＜試験Ⅱ＞

問題1

例	1番	2番	3番	4番	5番	6番
b	d	a	b	c	a	b

問題2

例	1番	2番	3番	4番	5番	6番
a	d	c	a	a	b	d

問題3

例	1番	2番	3番	4番	5番	6番	7番	8番
a	b	d	a	c	b	a	c	b

問題4

1番		2番		3番	
問1	問2	問1	問2	問1	問2
c	d	a	d	c	c

問題5

1番		2番		3番	
問1	問2	問1	問2	問1	問2
b	c	d	b	d	a

問題6

例	1番	2番	3番	4番	5番	6番	7番	8番
b	c	d	a	d	a	c	b	b

＜試験Ⅲ＞

問題1

問1	問2	問3	問4	問5
1	2	3	3	4

問題2

問1	問2	問3	問4	問5
3	4	2	1	2

問題3

問1	問2	問3	問4	問5
3	2	3	1	4

問題4

問1	問2	問3	問4	問5
2	2	3	4	1

問題5

問1	問2	問3	問4	問5
2	1	2	3	3

問題 6

問 1	問 2	問 3	問 4	問 5
3	4	2	1	2

問題 7

問 1	問 2	問 3	問 4	問 5
4	3	4	2	4

問題 8

問 1	問 2	問 3	問 4	問 5
1	2	2	1	4

問題 9

問 1	問 2	問 3	問 4	問 5
2	4	1	4	3

問題 10

問 1	問 2	問 3	問 4	問 5
1	4	4	1	2

問題 11

問 1	問 2	問 3	問 4	問 5
3	1	3	1	4

問題 12

問 1	問 2	問 3	問 4	問 5
3	1	4	1	4

問題 13

問 1	問 2	問 3	問 4	問 5
2	3	1	4	3

問題 14

問 1	問 2	問 3	問 4	問 5
4	1	3	2	1

問題 15

問 1	問 2	問 3	問 4	問 5
4	3	1	2	2

問題 16

問 1	問 2	問 3	問 4	問 5
1	4	2	3	3

問題17　記述式問題解答例

　授業ではまず、「高齢者の運転免許の返納」というタイトルだけを提示し、ここからどのような展開が考えられるかの仮説を立てさせ、小グループ内で意見交換を行う。このことにより、タイトルに関連する様々な知識が想起されるとともに、それらが有機的に関連し合った知識構造、すなわちスキーマが活性化されることになる。

　次に文章本体を提示し、最初個人で、その後グループ内で話し合いながら、仮説が適切なものであったかを確認しつつ文章を読み進めてもらう。意味が不明だった部分についてはグループ内で推測しつつ読むことを促し、把握した論旨に対し自分としてはどう考えるかについても議論をしてもらう。

　中級以降の読解授業では、この種の社会的問題に対し自律的に関わる態度の育成も必要と考える。今回の読みは、文章の細部の理解というより、全体としての論旨把握のほうが焦点化されるため、上記の目的には非常に適合していると言えるだろう。

【試験Ⅱ　ＣＤトラック番号早見表】

内　　　　　　容		トラック番号
問 題 開 始 前 部 分		1
問題 1	説明	2
	例	3
	1番	4
	2番	5
	3番	6
	4番	7
	5番	8
	6番	9
問題 2	説明	10
	例	11
	1番	12
	2番	13
	3番	14
	4番	15
	5番	16
	6番	17

内　　　　　　容		トラック番号
問題 3	説明	18
	例	19
	1番	20
	2番	21
	3番	22
	4番	23
	5番	24
	6番	25
	7番	26
	8番	27
問題 4	説明	28
	1番	29
	2番	30
	3番	31
問題 5	説明	32
	1番	33
	2番	34
	3番	35
問題 6	説明	36
	例	37
	1番	38
	2番	39
	3番	40
	4番	41
	5番	42
	6番	43
	7番	44
	8番	45
終了部分		46

令和5年度　日本語教育能力検定試験

試験問題　試験Ⅱ（聴解）CD 付

発行日 ……… 2024 年 3 月 25 日　初版第 1 刷

編著者 ……… 公益財団法人　日本国際教育支援協会

　　　　　　　〒153-8503 東京都目黒区駒場 4-5-29

　　　　　　　電話 03-5454-5215

発行所 ……… 株式会社　凡　人　社

　　　　　　　〒102-0093 東京都千代田区平河町 1-3-13

　　　　　　　電話 03-3263-3959